AF203136

Soupçons

Alles Digitale zu diesem Buch kann auf der Lernplattform
allango von Ernst Klett Sprachen abgerufen werden. So geht's:

| QR-Code scannen oder **www.allango.net** aufrufen | Buchtitel oder ISBN in der Suche eingeben und auf das Buchcover klicken | Zum Inhalt navigieren, direkt abrufen oder speichern |

Dieses Symbol bedeutet, dass zu einem Buch-Abschnitt
ein digitaler Inhalt verfügbar ist.

Hervé Mestron

Soupçons

Vocabulaire et activités par
Laure Boivin

Ernst Klett Sprachen
Stuttgart

1. Auflage   9 | 2026

Redaktion: Edith Michaelsen
Layoutkonzeption: Sandra Vrabec
Gestaltung und Satz: bostext, Friolzheim
Umschlaggestaltung: Sandra Vrabec
Titelbild: Foto © Jed Share
Druck und Bindung: Salzland Druck, Staßfurt

Printed in Germany
ISBN 978-3-12-592072-9

Table des matières

Les solutions aux activités sont en ligne (voir instructions page 1).

Introduction

1. L'auteur

Hervé Mestron naît en 1963 à Valence. Il fait des études de musique à Lyon et joue dans des orchestres célèbres. Il se consacre ensuite à la littérature de tout genre pour les jeunes et les moins jeunes. Il écrit par exemple des romans policiers, des nouvelles, des scénarios pour la radio qui ont beaucoup de succès. Il anime aussi des ateliers d'écriture.
Son roman *Soupçons* a reçu le « Prix littéraire de la citoyenneté » en 2013.

2. Le roman

James vient d'emménager à Valence avec sa mère. Être nouveau au collège n'est pas facile : avec ses cheveux longs et ses bonnes notes, James se fait tout de suite remarquer. Après quelque temps, il pense avoir été accepté par ses camarades de classe. Mais il arrive des choses mystérieuses pendant sa fête d'anniversaire, puis à l'école… Quelqu'un lui veut-il du mal ?

3. Comment préparer votre lecture ?

– Lisez les conseils pages 7 à 8 pour comprendre plus facilement le vocabulaire.
– Informez-vous pages 73–76 sur le gérondif et le subjonctif, des formes verbales que vous ne connaissez peut-être pas encore et qui reviennent souvent dans le texte.
– Quand vous avez lu un chapitre, notez les élements importants de l'histoire et répondez aux questions : Qui ? Où ? Comment ? Pourquoi ? Vous pouvez par exemple faire un compte rendu de lecture *(Leseprotokoll)*. Vous trouverez une aide aux pages 59–60.

Pour comprendre le vocabulaire

Pour comprendre l'essentiel d'un texte, vous ne devez pas en connaître tous les mots. Les mots importants sont expliqués ou traduits en bas de page.
Voici quelques conseils *(Ratschläge)* pour comprendre un texte sans regarder toujours dans le dictionnaire.

1. La famille du mot

Pour trouver le sens du mot, essayez de déterminer sa famille, c'est-à-dire sa racine *(Stamm)* et de reconnaître son préfixe *(Vorsilbe)* ou son suffixe *(Nachsilbe)*.

prévoir (p. 12)	voir pré- → *avant* = vorsehen, planen
recommencer (p. 11)	commencer re- → *encore une fois* = wiederanfangen
incroyable (p. 33)	croire in- → *contraire* + able → *adjectif* = unglaublich
le découragement (p. 45)	le courage dé- → *négatif, distance* + ment → *substantif / adverbe* = Mutlosigkeit

2. Les mots proches ou identiques en anglais ou en allemand

Vous pouvez parfois deviner le sens de mots français à partir de mots allemands ou anglais que vous connaissez :

elle avait un peu **paniqué** (p. 12)	*all* Panik
le **doute** s'est insinué dans mon esprit (p. 21)	*angl* doubt Zweifel
comme pour faire monter la **tension** (p. 14)	*angl* tension Spannung, Druck

3. Le contexte

Enfin, lisez les mots placés avant et après le mot/le passage inconnu. Cherchez le thème de la phrase ou du paragraphe et notez ce que vous avez compris.

À mes enfants, Ariel et Marius

1

Ma mère a trouvé du travail en province. À Valence, exactement. Elle a pris ça comme une opportunité, voire une promotion. Comme elle dit, avec le même salaire, ici on a une maison. Alors qu'à Paris on devait se contenter d'un petit trois pièces. J'ai redoublé d'inventivité pour empêcher ce déménagement, mais ma mère a tenu bon. Elle m'a vanté la Drôme et son climat tropical, le nougat de Montélimar, les pistes de ski pas loin, et la mer, Marseille à deux heures de voiture. Ma mère, elle pourrait vendre une cafetière électrique à un pingouin. Douée pour la persuasion, le commerce, ou les deux en même temps. Bref, une fois que les décisions sont prises, trop tard pour négocier, et ça je le sais depuis que je suis tout petit. Ça a commencé dans son ventre il y a pas mal d'années déjà. Je voulais rester plus longtemps, prolonger mon séjour en pension complète, mais pas question. Ma mère avait décidé que c'était neuf mois, pas un de plus, pas un de moins, et, effectivement, je suis sorti au bout de neuf mois. Pile poil, avec quand même cinq jours d'avance sur les prédictions de Nostradamus. Pas tout à fait fini, mais presque.

Bon, le truc ici, c'est que je connais personne quand j'arrive. Je suis un inconnu pour les lampadaires. Et l'étranger au collège Albert-Camus. Je recommence ma vie à zéro. Ma mère m'a acheté un chien, maintenant qu'on a un jardin. Comme dit le proverbe : « Si t'es pas capable d'avoir un copain, prends un clebs. » Du coup je l'ai appelé Kevin, en souvenir d'un gars de mon école à Paris qu'était vraiment un emmerdeur de première. Style superglue. Kevin le chien, c'est classe.

---

2 **une promotion** *ici :* Beförderung – 3 **un salaire** l'argent qu'on gagne en travaillant –
4 **redoubler d'inventivité** *f* être très créatif, avoir plein d'idées – 5 **empêcher** verhindern –
6 **vanter qc** montrer les bons côtés de qc – 6 **le nougat** *ici : süße Spezialität aus Mandeln, Honig, Zucker und Eiweiß* – 9 **doué, e** qui a du talent – 9 **la persuasion** Überzeugungskraft –
16 **pile poil** *fam* exactement – 20 **un lampadaire** une lampe dans la rue, **pour les lampadaires** *fig ici :* pour tout le monde – 23 **un clebs** [klɛps] *fam* un chien – 25 **un emmerdeur de première** *fam* une personne très énervante

Je m'appelle James parce que le type avec qui ma mère a eu une aventure, il était américain. Elle m'a tout raconté. Elle l'a connu à Honolulu. Elle faisait du tourisme et lui il vendait des trucs de plage dans la baie. Ils sont restés une semaine ensemble. Puis Ray a disparu du jour au lendemain, sans un mot, sans rien. Elle a passé le reste de ses vacances à le chercher sur la côte ouest, en vain. À son retour en France, elle s'est rendu compte qu'elle était enceinte. Elle m'a dit que sur le coup elle avait un peu paniqué, parce que c'était pas prévu, mais qu'ensuite elle s'était touché le ventre, comme on caresse un chat pour le faire ronronner.

Je marche seul sur le chemin du collège, et ça me fait bizarre. J'ai l'impression d'être observé. Même ceux avec des fausses Ray-Ban sur le pif, je le sais, ils me matent. Forcément, un nouveau ça attire l'œil. Puis faut quand même reconnaître que j'ai pas non plus un physique passe-partout. Non, je n'ai pas un œil au milieu du front, non je n'ai pas les dents vertes. J'ai juste les cheveux hyper longs, jusque dans le bas du dos, tressés comme une liane. Ça veut dire que, sur un plan visuel, de derrière je ressemble à une fille qui a des cheveux de fille. Même moi quand je me vois de dos sur une photo, j'ai l'impression de voir une fille. Le truc c'est que ça me dérange pas du tout. Si mes cheveux ont poussé, c'est que je les ai laissés pousser. Le raisonnement est un peu plat mais ça veut dire que si j'avais voulu les couper, je les aurais coupés. Si j'aime avoir les cheveux longs, c'est pas spécialement pour avoir l'air d'une fille mais parce que ça me plaît et que jamais personne ne s'est jeté sur moi avec une paire de ciseaux.

L'autre jour je me suis fait siffler dans la rue. Je me suis retourné. Le gars qu'avait encore les doigts dans la bouche a vu que j'étais un

---

5 **disparaître** verschwinden – 6 **en vain** sans succès – 7 **se rendre compte de qc** réaliser, comprendre qc – 7 **être enceinte** attendre un bébé – 13 **le pif** *fam* le nez – 13 **mater** *fam* regarder – 15 **un physique** *ici :* un look, un style – 15 **passe-partout** *ici :* discret – 15 **le front** Stirn – 17 **tresser** flechten – 21 **déranger** stören – 21 **pousser** *ici :* devenir plus long – 22 **un raisonnement** *ici :* une logique – 22 **plat, e** *ici :* simple – 25 **se jeter sur qn** sich auf jdn stürzen – 26 **une paire de ciseaux** *mpl* Schere – 27 **siffler qn** *ici :* hinter jdm herpfeifen

mec et il s'est payé la honte de sa vie devant ses potes. J'étais écroulé de rire mais pas lui.

Bon, au niveau entretien c'est l'enfer. Faut brosser tous les jours, sinon c'est invasion de nœuds. Mais on peut se faire des tas de coiffures, du coup. J'évite certaines figures, comme le chigno[n] 5 ou la couronne sur la tête, et je me contente généralement d'un scénario à la fois discret et naturel, style queue de cheval, tresse ou grand bleu. Grand bleu, c'est quand je lâche tout.

Des légendes circulent à mon propos. J'aurais des problèmes d'identité ou, mieux, je serais hermaphrodite. Bon, pour ceux qui 10 savent pas : *Hermaphrodite est un personnage de la mythologie grecque. Par extension, son nom a été utilisé pour désigner ce qui réunit les caractéristiques des deux sexes.* Tout ça à cause d'un catogan !

J'ai pas dit qu'un jour je les couperai pas. Cela peut arriver 15 demain ou jamais. « Et pour les poux ? me demandent les garçons. Comment tu fais avec les poux ? » Et moi de répondre : « Et ta sœur, elle fait comment ? Elle les mange en salade, les poux ? »

Tout ça pour dire que j'ai l'habitude des réactions plus ou moins débiles et qu'avec le temps j'ai fini par m'y habituer ou en tout cas 20 faire avec.

Le pire, c'est au début, quand je suis en période d'observation, en classe, et que le prof me demande de venir au tableau. Ça devient comme une estrade de théâtre. J'ai l'impression d'être donné en pâture à un public fielleux. C'est arrivé deux fois déjà depuis que 25 je suis dans ce nouveau collège. Et je constate que mes tifs, c'est vraiment un problème, alors que nous sommes au XXIe siècle et

---

1 **se payer la °honte de sa vie** *expr fam* se ridiculiser – 1 **un pote** *fam* un copain – 3 **l'entretien** *m ici :* Pflege – 3 **c'est l'enfer** *m expr fam* c'est horrible – 4 **avoir des nœuds** *mpl* **dans les cheveux** *mpl* zerzaustes Haar haben – 5 **une coiffure** Frisur – 5 **éviter** vermeiden – 5 **un chignon** Haarknoten – 6 **une couronne** *ici :* Hoch(steck)frisur – 7 **une queue de cheval** Pferdeschwanz – 7 **une tresse** Zopf – 8 **lâcher tout** *ici :* offen lassen – 13 **un sexe** *ici :* Geschlecht – 14 **un catogan** Frisur, bei der die Haare im Nacken zusammengebunden werden – 16 **un pou** Laus – 20 **débile** *fam* stupide – 22 **le pire** das Schlimmste – 24 **une estrade** *ici :* Bühne – 24 **être donné en pâture à qn** *fig* für jdn ein gefundenes Fressen sein – 25 **fielleux, -euse** méchant *(boshaft)* – 26 **les tifs** *mpl fam* les cheveux

que dans notre société moderne chacun devrait pouvoir choisir sa coupe sans déclencher une émeute. J'ai le sentiment d'être une bête de foire parfois. Souffrance. Je me demande si je ne ferais pas mieux de tout couper et qu'on n'en parle plus. Car on ne retient que ça de moi, cette tresse dans le dos.

Dans la classe, il n'y a que Mikaleff qui semble me témoigner une certaine sympathie. D'ailleurs ce matin, constatant que j'avais oublié mon effaceur, il m'a spontanément offert le sien. Sans être fringué de façon très originale, il a quand même son style. Mais plus nature que Gelatos cependant. Gelatos, c'est une page de mag à lui tout seul. Ses parents doivent craquer un max pour l'habiller. Visiblement, il aime qu'on le regarde, qu'on l'admire. C'est un extraverti.

Aujourd'hui, retour du contrôle de maths. Miss Avedianos rend les copies en commençant par la plus nulle. Elle fait durer le plaisir. Entre deux élèves, elle marque une pause, comme pour faire monter la tension. C'est presque terminé.

– Gelatos, prononce-t-elle, 17 sur 20. Formidable, comme d'habitude.

Il reste une copie. Je baisse les yeux.

– James… 19 sur 20. Hum… si vous aviez pensé à souligner les titres, vous auriez pu avoir 20.

La classe me regarde, je pique un fard. La prof de maths est une maniaque.

La journée continue au même diapason. En SVT, même chose, meilleure note, pareil en histoire. Petite consolation de la journée avant d'aller retrouver Kevin, mon idiot de chien. Je suis sur le

---

2 **déclencher une émeute** provoquer une révolte (*ici : fig*) – 3 **une bête de foire** *f fig* un animal / une personne spécial(e) montré(e) en spectacle – 3 **la souffrance** Leid – 6 **témoigner** *ici :* montrer – 8 **un effaceur** Tintenkiller – 9 **être fringué, e** *fam* être habillé – 10 **un mag** *abrév de* magazine *m* – 11 **craquer un max** *fam ici :* dépenser beaucoup d'argent – 15 **faire durer le plaisir** prendre son temps – 20 **baisser les yeux** *mpl* den Blick senken – 23 **piquer un fard** rougir – 24 **un maniaque** Pedant – 25 **au même diapason** pareillement, de la même façon – 26 **une consolation** Trost

point de traverser la route lorsqu'une main se pose sur mon épaule. Je me retourne. C'est Mikaleff. J'arrête la musique qui me vrille les tympans.

– Ça va ? me demande-t-il.

– Génial.

– Gelatos, il était super jaloux. T'as vu le regard qu'il t'a lancé ?

– Non, pourquoi ?

– À cause des notes. D'habitude, c'est toujours lui le meilleur.

J'ai l'impression que Mikaleff l'aime pas beaucoup. Mais moi, personnellement, j'ai rien contre Gelatos.

– Il est super fort, lui aussi, je dis.

– Oui, mais moins que toi.

– 17 ou 19, c'est pareil.

– Peut-être pour toi, mais pas pour lui.

Cette discussion me saoule.

– Bon ben, salut, je fais, quand nos chemins se séparent.

– À demain !

En rentrant chez moi, je repense à Gelatos. Il n'a aucune raison d'être jaloux. Je lui parlerai demain. Je préférerais qu'on soit potes. Et je me demande si Mikaleff n'est pas en train de semer la zizanie entre nous. Affaire à suivre.

Puis c'est comme partout ailleurs, les choses finissent par se caler, les personnalités cohabitent, la Terre continue de tourner. Faut dire que je suis pas particulièrement sauvage. Moi j'aime le collège parce qu'il y a du monde, tout le temps, et toutes sortes de gens, des bouilles, des pifs, des bides, des ongles rongés et des bananes première fraîcheur. La pire des maladies, c'est d'être seul. Parce que c'est à travers les autres qu'on arrive le mieux à exister. Prenez un exemple : jaloux tout seul, ça n'existe pas. La jalousie, c'est toujours

---

1 **une épaule** Schulter – 2 **vriller les tympans** *mpl* **à qn** faire mal aux oreilles *(Ohren)* – 15 **saouler** [sule] **qn** *fam* énerver qn – 20 **semer la zizanie** créer des problèmes – 22 **se caler** *ici :* devenir normal – 26 **une bouille** *fam* un visage – 26 **un bide** *fam* un ventre – 26 **un ongle rongé** abgekauter Nagel – 26 **une banane** *ici : fam* un idiot – 27 **la fraîcheur** Frische

quelque chose qui vous relie à l'autre. Comme l'amour ou le ping-pong.

Tout le monde a fini par s'habituer à mes cheveux et à mes notes. Voilà, j'ai été rangé dans la case « 1er de la classe avec queue de cheval ». L'occasion fait la case. Puis c'est ensuite un peu le ronron, la musique rassurante des habitudes.

J'ai cru bêtement que j'étais arrivé sur un long fleuve tranquille. Oui, parce que, après la tempête du début, il y avait eu cet apaisement que j'aimais par-dessus tout. Cette douceur émeraude des journées qui se ressemblaient. Puis le vent s'est levé. Je savais qu'il existait. Ici on l'appelait le mistral. Un vent cinglant de la vallée du Rhône.

*

J'étais sur le point de déballer le cadeau de Gaëlle, ma mère. J'avais reconnu le papier d'emballage qui provenait d'une chaîne de magasins de sport. Je déteste le sport. Cet anniversaire était placé sous le signe des cadeaux foireux.

Une paire de baskets pour courir plus vite que mon ombre… Je continuais de sourire en coupant la ficelle qui bardait le paquet. Surtout, cacher sa déception…

C'était pire que tout : une tente !

– Une Shelter ! a annoncé fièrement maman. Elle te plaît ?

– Une quoi ?

– Une Shelter ! Avec un poids record de 1,5 kilo, la Shelter se fera toute petite dans ton sac à dos et deviendra vite l'accessoire indispensable de toutes tes randonnées !

---

1 **relier** verbinden – 4 **une case** *ici* : une catégorie – 5 **l'occasion fait la case** *fig ici* : cette catégorie est créée à cette occasion – 6 **rassurant, e** qui calme – 7 **un fleuve** une grosse rivière (*ici* : *fig*) – 9 **l'apaisement** *m* le calme – 9 **la douceur** *ici* : le confort, le calme – 9 **émeraude** smaragdgrün – 11 **cinglant, e** *ici* : schneidend, eisig – 14 **déballer** ouvrir – 17 **foireux, -euse** *fam* nul, mauvais – 19 **une ficelle** Schnur – 19 **barder** *ici* : entourer – 20 **une déception** Enttäuschung – 22 **fièrement** stolz – 26 **indispensable** essentiel – 26 **une randonnée** Wanderung

– Mais j'ai horreur des randonnées !

– Tsst ! On dit ça, puis une fois qu'on y goûte, on ne peut plus s'en passer.

J'ai compris qu'il était inutile de discuter.

– T'es déçu ?

– Moi ? Non… au contraire, non, je trouve ça super original.

– Tu vas la monter dans le jardin ?

Dans le jardin ? N'importe quoi ! Et pourquoi pas dans les arbres, ou sur le toit ? Je connaissais l'endroit où j'allais planter ma canadienne. Dans ma chambre, en face du lit. Ultra rapide à déballer. J'ai installé un matelas à l'intérieur et je me suis allongé. Cela sentait le neuf. Sous le halo de ma lampe rechargeable, des petites étoiles imprimées se détachaient comme dans un ciel. Le lieu idéal pour bouquiner. Ni moustiques ni serpents. Le bivouac sans les inconvénients. J'avais passé trois jours en montagne avec ma classe. Une nuit je m'étais réveillé. J'avais ouvert la tente et fait quelques pas autour des braises qui refroidissaient. Puis j'avais entendu le grognement d'une bête. Je m'étais aussitôt réfugié sous la tente. J'avais réveillé quelques copains et on s'était moqué de moi.

3 **se passer de qc** vivre sans qc – 5 **déçu, e** → décevoir *(enttäuschen)* – 9 **un toit** Dach – 10 **une canadienne** *ici :* une tente – 11 **déballer** auspacken – 12 **un °halo** *ici :* un rond de lumière – 13 **une étoile** Stern – 13 **imprimer** (be)drucken – 14 **bouquiner** *fam* lire – 14 **un serpent** Schlange – 15 **un inconvénient** *ici :* un problème – 17 **un pas** Schritt – 17 **les braises** *fpl* les restes chauds d'un feu – 18 **une bête** *fam* un animal

2

L'anniversaire était terminé. Tout le monde était parti. Le jardin de la maison était jonché de ballons éclatés et de papiers cadeau. Quelle teuf ! Bouh… un raz-de-marée avait labouré les jonquilles de ma mère, piétiné les rosiers et broyé la glycine. À l'intérieur, des tags couraient sur les murs blancs du grand salon, les toilettes étaient bouchées, et le lustre de l'entrée menaçait de s'écrouler. L'idée était venue de Mikaleff et Gelatos : « Et si on faisait une fête chez toi ? » Ça tombait bien, c'était mon anniv. Je voulais aussi leur présenter Kevin, le chien le plus bête de la Terre. Pour l'heure, le clebs s'était réfugié dans la cave. Cet animal était totalement introverti, pis, c'était un agoraphobe. C'est-à-dire qu'il ne supportait pas de se retrouver au milieu d'une foule de chats angora. Bref, c'était l'apocalypse.

J'ai commencé à remplir des sacs-poubelle. Mes bras s'activaient comme des bielles, entre les coussins, sous les meubles, dans les plantes vertes, jusque dans la cuvette des WC. Il y avait eu ce lancé de cacahuètes dans les toilettes. Un véritable délire ! Mais on s'était bien marrés quand même. À un moment, j'avais dû perdre conscience du fait qu'on se trouvait chez ma mère, la personne la plus maniaque du monde, frisant la pathologie, le truc proche de la névrose obsessionnelle.

Je venais de fermer le premier sac. J'allais le larguer dans le container gris lorsqu'une enveloppe kraft, à l'intérieur, a attiré mon

---

2 **jonché, e de** mit etw bedeckt – 2 **éclaté, e** ici : geplatzt – 3 **une teuf** fam une fête – 3 **un raz-de-marée** [ʀɑdmaʀe] Flutwelle – 3 **labourer** ici : zertrampeln – 4 **une jonquille** Osterglocke – 4 **broyer** ici : détruire – 5 **un tag** un graffiti – 6 **être bouché, e** ici : verstopft sein – 6 **un lustre** une lampe – 6 **menacer de** ici : risquer de – 7 **s'écrouler** tomber – 11 **un agoraphobe** jd, der Platzangst hat – 12 **supporter** ertragen – 15 **comme des bielles** fpl fig ici : comme les bras d'un robot – 15 **un coussin** Kissen – 17 **une cacahuète** [kakawɛt] Erdnuss – 17 **un délire** fam ici : Wahnsinn – 18 **se marrer** fam rire – 18 **perdre conscience de qc** ici : oublier qc – 20 **friser** ici : être presque – 20 **une pathologie** une maladie – 21 **la névrose obsessionnelle** Zwangsneurose – 22 **larguer** fam laisser tomber – 23 **une enveloppe kraft** wattierter Umschlag

attention. D'habitude, on mettait les papiers dans le bac bleu. Mais ma mère était parfois aussi tête en l'air qu'une antenne de télé.

Les bords de l'enveloppe étaient fermés et il y avait quelque chose à l'intérieur qui bombait le papier. Je me suis souvenu d'une fois en vacances où nous avions oublié de rendre une clé d'hôtel. Ma mère l'avait ensuite réexpédiée en la glissant dans une enveloppe capitonnée. Exactement comme celle-ci. Avant que j'aie réellement pris conscience de ce que je faisais, ma main a plongé dans le container gris. Mon corps s'est cassé en deux tandis que mes doigts tentaient de saisir l'objet au fin fond du réceptacle. J'ai cru que j'allais basculer par-dessus bord. Les éboueurs passaient le lendemain, j'aurais pu finir dans une benne sans avoir eu le temps de dire au revoir à mon idiot de chien. J'aurais pu figurer dans le Guinness des morts spectaculaires. J'aurais pu devenir un héros, parce que ma mère aurait certainement fait un procès aux éboueurs. Du style : « Vous ne regardez jamais ce qu'il y a dans une poubelle avant de la vider ? » Bien sûr, elle aurait perdu son procès mais, l'espace d'un JT, j'aurais fait la une de l'actu.

Bon, je l'ai finalement attrapée, cette enveloppe kraft. L'ai décachetée aussi, et là, mon moral déjà faible a baissé encore. Même qu'en découvrant le contenu de l'enveloppe, j'ai senti mes pulsations cardiaques accélérer brutalement le tempo. À l'intérieur il y avait des morceaux de porcelaine brisée. Faïence multicolore : bleue, blanche, rouge. Des petits bouts, et on pouvait identifier une jambe, un bras, le buste… Il s'agissait des éléments du soldat voltigeur en porcelaine que venait de m'offrir mon grand-père Martial. Soldat voltigeur en faïence de Saxe. Objet de collection.

1 **un bac** *ici :* une poubelle – 2 **être tête en l'air** *m expr* ne pas être concentré – 5 **bomber** *ici :* aufblähen, aufbauschen – 9 **prendre conscience** *f expr* réaliser, comprendre – 10 **se casser en deux** *ici :* sich beugen – 11 **tenter** essayer – 11 **saisir** prendre – 11 **un réceptacle** *ici :* un container – 12 **basculer** *ici :* tomber – 12 **un éboueur** la personne qui collecte les poubelles – 13 **une benne** un grand container – 19 **l'espace** *m* **de qc**… *ici :* juste pendant qc… – 19 **un JT** *abrév de* journal télévisé – 19 **faire la une de l'actu** *fam ici : fig* être la nouvelle la plus importante – 21 **décacheter une enveloppe** l'ouvrir – 21 **faible** *ici :* mauvais – 23 **cardiaque** → le cœur – 24 **un morceau** Stück – 24 **brisé, e** zerbrochen – 24 **la faïence** Steingut – 25 **un bout** Stück – **le buste** Oberkörper – 26 **un soldat voltigeur** Soldat der Leichtinfanterie

Que faisait-il là, brisé ? Quelqu'un l'avait cassé puis jeté à la poubelle en le camouflant dans une enveloppe.

J'aurais dû y faire attention, le planquer dans un tiroir. C'était de ma faute. Grand-père m'avait pourtant répété d'y veiller avec une attention toute particulière. Il m'avait offert cette figurine de collection car j'étais devenu, soi-disant, un garçon soigneux et responsable. Ouh ! Cela dit, en y pensant bien, je n'y étais pas pour grand-chose. Si j'avais manqué de vigilance, c'était uniquement parce que je n'avais pas l'habitude de recevoir tant de copains à la maison. Mais il y avait eu, parmi les invités, quelqu'un qui avait commis un acte ignoble, irréparable. Un truc vraiment nul. Mes yeux se sont gonflés de larmes.

Adieu, cadeau de papy Martial. Je lui avais promis de toujours le laisser dans ma chambre, sur mon étagère. D'ailleurs il s'y trouvait encore ce matin, mais il s'était déplacé jusqu'à la poubelle par l'opération de je ne sais quel phénomène hostile.

J'étais là dans ma chambre à me demander ce qui avait bien pu se passer et j'essayais d'établir la liste de celles ou ceux qui auraient pu faire le coup. Mais c'était impossible. La maison avait été envahie. Ça montait, ça descendait, la musique marchait à plein tube, même que Kevin, pissant la peur, s'était caché sous terre. J'avais aussi invité plein de gens que je ne connaissais pas. À part Gelatos et Mikaleff et quelques personnes de la classe, les autres étaient de parfaits inconnus. Justement, je les avais invités exprès, pour qu'on fasse connaissance ailleurs que dans un bâtiment de l'Éducation nationale. Tout le monde s'était bien marré, moi le premier, n'empêche, il me restait un goût amer dans la bouche. Un sentiment qui effaçait tout le plaisir de la journée. Quelqu'un avait explosé ma figurine. Réduite façon puzzle. Il manquait des

---

2 **casser** zerbrechen – 3 **camoufler** cacher – 4 **planquer** *fam* cacher – 5 **veiller à qc** *ici :* faire attention à qc – 7 **soi-disant, e** angeblich – 7 **soigneux, -euse** sorgfältig – 9 **manquer de vigilance** *f* ne pas faire assez attention – 12 **ignoble** horrible – 13 **une larme** Träne – 15 **une étagère** Regal – 21 **envahi, e** *ici :* belagert – 26 **un bâtiment** Gebäude – 28 **n'empêche** *fam :* pourtant – 28 **amer, amère** bitter

pièces pour la reconstituer. Où était passée la tête du soldat ? Les morceaux avaient dû s'éparpiller en tombant de l'étagère. Le casque avait probablement roulé sous le lit, ou sous mon bureau, peut-être aussi entre les lattes du parquet… 5

J'ai fouillé, ratissé, en vain. Je soufflais comme une bête. Soudain, dans le tunnel de mes recherches infructueuses, j'ai entendu la voiture de ma mère. Je n'avais pas fini de ranger la maison ! Immense panique dans ma tête. Que devais-je faire ? Bouger ? Attendre ? M'enfuir par le jardin ? La portière a claqué, le portillon 10 a grincé, et les pas de Gaëlle ont résonné sur les dalles de la cour.

J'ai aussitôt imaginé sa tête à la vue du lustre à moitié arraché qui pendouillait. Allait-elle aimer ces hiéroglyphes au Nutella sur les murs blancs ? Et puis tout ce sol qui collait sous les pieds comme si on marchait sur un tapis de fraises Tagada. Elle allait 15 vitupérer comme une hyène. Je guettais son cri mais rien ne venait. Je me suis fait la remarque qu'elle n'avait pas bronché non plus en passant devant la glycine démantibulée et son paillasson de jonquilles écrasées. Tout était d'un calme ultra bizarre. Le doute s'est insinué dans mon esprit. Était-ce bien elle qui était entrée ? 20 Après vérification à la fenêtre, oui, sa voiture était garée devant le portail de la maison. Mais alors, pourquoi ne réagissait-elle pas ? Pourquoi ce curieux silence ?

Peut-être n'avait-elle rien remarqué et c'était cela sans doute le plus troublant. Dès que nous étions arrivés dans cette maison, elle 25 était tombée littéralement amoureuse de ces plantes et fleurs qui foisonnaient. Je n'osais pas descendre la rejoindre dans le salon. Tout était encore sens dessus dessous en bas. En comparaison, ma chambre ressemblait au musée du Louvre. Peut-être ma mère

---

3 **s'éparpiller** *ici* : tomber ici et là – 6 **fouiller** chercher partout – 6 **ratisser** *ici* : chercher méthodiquement – 6 **souffler** *ici* : respirer *(atmen)* – 10 **s'enfuir** flüchten – 10 **un portillon** une petite porte – 11 **grincer** faire un bruit métallique – 11 **résonner** *ici* : se faire entendre – 11 **une dalle** Platte – 13 **pendouiller** *fam* herumbaumeln – 14 **le sol** Boden – 15 **une fraise Tagada** Erdbeere Primavera – 16 **guetter** *ici* : attendre – 17 **broncher** *ici* : réagir – 18 **démantibulé, e** zerstückelt – 19 **écrasé, e** *ici* : zertrampelt – 20 **s'insinuer dans** entrer dans – 20 **l'esprit** *m ici* : Kopf, Geist – 27 **qc foisonne** il y a qc en grande quantité – 27 **oser faire qc** avoir le courage de faire qc – 28 **sens** *m* **dessus dessous** [sɑ̃d(ə)syd(ə)su] *expr* chaotique

me réservait-elle un accueil glacé ? J'avais dépassé les bornes et je le savais. Si elle avait renoncé à pousser un hurlement, genre contre-ut, c'est que c'était grave. Très grave. Les dégâts étaient trop importants. Je me suis enfoui sous ma couette. Mes yeux ne cessaient de revenir à l'endroit où le soldat voltigeur avait l'habitude de se tenir, entre une pile de livres et une coupe de foot gagnée en primaire. J'étais mal, coincé entre cette histoire de figurine disparue et la peur de croiser ma mère. J'aurais voulu être mort, pour une fois, cela en aurait valu la peine. Mais au bout d'un moment, je me suis aperçu que j'avais faim. C'était incompatible avec la mort. Le frigo se trouvait en bas et, pour se rendre à la cuisine, il fallait passer par le salon. L'étau se resserrait d'un cran.

L'estomac a pris les commandes. C'est ça le courage. Je me suis risqué dans l'escalier, sur la pointe des pieds, tandis que mon ventre gargouillait lamentablement. Ma mère était en train de lire un magazine, assise dans un fauteuil blanc tagué au ketchup. Sa tête s'est relevée :

– Mon James chéri ! Ta fête s'est bien terminée ?

Une alerte s'est déclenchée dans ma tête. Gaëlle était là, bien là, vivante, souriante. Mais c'était un piège. Quelque chose clochait. J'étais comme suspendu à une réaction qui ne venait pas.

– Tu ne m'embrasses pas, mon chéri ?

J'ai tendu la joue.

– Alors, cet anniversaire, content ?

– Super.

– Vraiment ?

2 **dépasser les bornes** *fpl* dépasser les limites, aller trop loin – 3 **renoncer à faire qc** décider de ne pas faire qc – 3 **pousser un °hurlement** crier – 4 **le contre-ut** [kɔ̃tʀyt] *musique* hohes C – 4 **un dégât** Schaden – 5 **une couette** Steppdecke – 6 **cesser** arrêter – 8 **le primaire /** **l'école primaire** l'école de 6 à 11 ans – 8 **coincé, e** bloqué – 10 **valoir la peine** sich lohnen – 11 **être incompatible avec** ne pas aller avec – 13 **l'étau** *m* **se resserre (autour de qn)** *expr* die Schlinge zieht sich (um jdn) zusammen – 13 **d'un cran** *ici :* un peu plus – 14 **les commandes** *fpl ici :* le contrôle – 21 **un piège** Falle – 21 **clocher** *fam* être bizarre – 22 **être suspendu, e à qc** *ici :* attendre qc avec nervosité – 24 **tendre la joue** die Wange hinhalten

– Je… j'allais tout ranger. Je te jure, dans une heure, tout est nickel…

– Laisse, j'ai demandé à la femme de ménage de passer. Nous, on va aller dîner quelque part tous les deux, d'accord ?

C'était étrange comme sensation. Ma mère ne réagissait pas comme prévu. Pourtant je la connaissais bien. Je ne comprenais pas cette transformation. Où était passé son sale caractère lié à son obsession du ménage parfait ?

– Ça ne va pas, James ? Il y a eu un problème pendant la fête ?

– Non non, tout… tout s'est bien passé, j'ai répondu, désarçonné.

Ma mère jouait avec moi et je n'aimais pas ça. En se levant, elle a écrasé un bout de pizza collé sur le tapis mais a fait comme si de rien n'était.

– Italien, couscous, burger, japonais, classique ?

– Euh… classique.

– Allons-y pour classique !

Peut-être qu'elle fermait les yeux sur ce chaos dans la maison parce que c'était le jour de mon anniversaire, je me suis dit. Oui, c'était sûrement cela. Ça n'était pas un jour comme les autres : on ne parlait ni de vaisselle, ni d'aspirateur, ni de rangement dans les chambres. C'était une journée hors du temps.

Pendant le repas, je n'ai pas arrêté de penser à la figurine brisée. Je n'osais pas en parler. C'était un dîner d'anniversaire tranquille, dans un restaurant un peu sérieux. Je me demandais ce que j'allais inventer pour justifier la disparition du voltigeur. La femme de ménage pouvait l'avoir déplacé sans m'avertir. Tiens, bonne idée. Et puis, avec le temps, on finirait par oublier. Ou bien ne rien dire. Motus. Si jamais grand-père me demandait des nouvelles du soldat, je répondrais que tout allait pour le mieux. Au fond, personne ne viendrait vérifier. Nul ne songerait à fouiller sous les rosiers, là où j'avais choisi d'enterrer l'enveloppe contenant les

---

1 **jurer** *ici :* promettre – 2 **nickel** *fam* parfait – 11 **désarçonné, e** surpris, perdu – 21 **la vaisselle** *ici :* Abwaschen – 21 **un aspirateur** *m* Staubsauger – 27 **avertir qn** informer qn – 29 **motus** [mɔtys] *ici :* gardons le silence – 31 **songer** penser

morceaux cassés. Franchement, il n'y avait pas lieu de se mettre dans cet état.

– Un dessert, mon chéri ?

Ah ! Réconciliation avec la vie devant un pavé au chocolat fondant. Cela faisait des heures que je n'avais quasiment pas desserré les lèvres, elles étaient un peu rouillées. Mais avec la sauce anglaise, mon sourire s'est dégrippé. Le visage de ma mère s'est illuminé :

– Bon anniversaire, James !

– Merchi ! j'ai fait, la bouche pleine.

– Et la tente ? Elle te plaît ? C'est une deux places. Attention, pas d'allumettes à l'intérieur. Elle est ignifugée mais on ne sait jamais. Tu m'écoutes ?

– Oui oui.

*

Grand-père a téléphoné à notre retour. Ma mère a eu une petite grimace et elle a pris une voix aiguë plutôt débile :

– … Oui, ça va, … oui, l'anniversaire de James s'est bien passé, … non, tout est en ordre dans la maison, … James a des copains bien élevés, … pardon ? … Oui, James est ravi de son soldat en porcelaine, … il est sur le rebord de la cheminée… dans le salon, … c'est une magnifique statuette, papa, … oui, d'accord, je te le passe…

Je me suis demandé si elle n'était pas en train de devenir un peu maboule. Il n'y avait jamais eu de figurine sur le rebord de la cheminée du salon. Le soldat n'avait jamais quitté l'étagère de ma chambre.

2 **il n'y a pas lieu de faire qc** ce n'est pas nécessaire de faire qc – 3 **un état** *ici :* Zustand – 5 **une réconciliation** Versöhnung – 7 **ne pas desserrer les lèvres** *fpl expr* garder la bouche fermée – 7 **rouillé, e** *ici fig* : starr – 8 **se dégripper** *ici : fig* se débloquer *(sich lockern)* – 9 **s'illuminer** *ici :* sich aufhellen – 13 **une allumette** Streichholz – 13 **ignifugé, e** protégé contre le feu – 18 **aigu, aiguë** [egy] *pour une voix :* schrill – 21 **bien élevé, e** poli – 21 **ravi, e** très heureux – 22 **une cheminée** Kamin – 26 **maboul** *fam* fou

Elle m'a tendu le téléphone et la voix ferreuse de mon grand-père m'a écorché le tympan :

– Bon anniversaire, mon garçon ! Alors, ce soldat voltigeur, il te plaît toujours autant ? Tu sais que c'est une sacrée pièce de collection que je t'ai offerte ! Mon arrière-grand-père en a fait don à mon grand-père, qui ensuite l'a passé à mon père, lequel m'en a fait cadeau quand je me suis marié, tu te rends compte ?

Il m'avait déjà expliqué cette histoire mille fois.

C'était rasant.

– Et c'est fragile comme du cristal, il a repris. D'accord, mon garçon ?

– Oui, papy, j'ai fait, le front en sueur.

Après avoir raccroché, je n'ai pas osé regarder ma mère. Nous savions elle et moi que cette figurine n'avait jamais été dans le salon. Je ne comprenais pas pourquoi elle avait menti. Cela n'avait pas de sens. Gaëlle n'avait pas cherché à me couvrir auprès de Martial puisqu'elle ignorait que la statuette avait disparu. Pourquoi avoir déclaré à son père qu'elle se trouvait dans le salon ? Pourquoi avait-elle eu besoin de raconter un truc pareil ?

Le mieux, c'était d'aller dormir.

---

1 **ferreux, -euse** *ici :* blechern – 2 **écorcher le tympan à qn** lui faire mal à l'oreille –
4 **sacré, e** *ici : fam* Wahnsinns- – 5 **faire don de qc** donner qc – 7 **se rendre compte de qc**
comprendre qc – 9 **rasant, e** *fam* ≠ intéressant – 12 **en sueur** *f* schweißnass – 15 **mentir** dire
qc qui n'est pas vrai – 16 **couvrir qn** *ici :* protéger qn *(jdm Deckung geben)* – 17 **ignorer** ne pas
savoir

3

En arrivant dans la cour du collège, j'ai pris conscience que le responsable se trouvait ici.

C'était forcément quelqu'un que j'avais invité à mon anniv et j'avais envie de le coincer pour lui dire que c'était nul. Plusieurs
5 copains sont venus me confier que ma fête avait été super top et je me suis demandé s'ils ne se moquaient pas de moi. Peut-être étaient-ils TOUS au courant. C'était peut-être le genre de truc qu'ils réservaient aux nouveaux. Une sorte de bizutage, une façon de me signifier que c'étaient eux qui tenaient les commandes.
10 Un goût de suspicion s'est immiscé dans ma bouche. Je me suis soudain senti en danger au milieu de ces gens qui me souriaient en me donnant des tapes dans le dos.

J'ai fait mon entrée dans la salle de musique et, avant de m'asseoir, j'ai vérifié si quelqu'un n'avait pas scié le pied de ma chaise.
15 Le prof est arrivé avec quelques minutes de retard, comme d'habitude, essoufflé, des disques dans les bras. Il portait des dreadlocks et les cours avec lui avaient toujours un air de vacances. On sentait qu'il était content de venir en classe, et ça changeait un peu d'avoir un prof qu'avait la pêche. Aujourd'hui, menu
20 de musiques africaines. Il nous a montré une carte de la Côte d'Ivoire. Puis il a mis une chanson intitulée *So Diyara* (« La maison joyeuse »). On devait dessiner quelque chose pendant ce temps. Le prof assis au fond caressait un djembé avec le bout des doigts, suivant les inflexions de la musique. Certains étaient penchés sur
25 leur dessin, d'autres rêvassaient. Et moi je pensais à mon soldat voltigeur. Sans m'en rendre compte, j'avais esquissé la silhouette d'un fantassin sur ma page blanche. Et quand le prof s'en est

4 **coincer** *ici : fam* erwischen – 7 **être au courant** savoir – 8 **un bizutage** un test désagréable qu'on fait parfois passer aux nouveaux – 14 **scier** couper – 16 **essoufflé, e** qui n'a plus de souffle *m (außer Atem)* – 19 **avoir la pêche** *fam* être en forme, être de bonne humeur – 20 **la Côte d'Ivoire** Elfenbeinküste – 23 **au fond** *ici :* hinten – 23 **un djembé** [dʒembe] un *tambour africain (Trommel)* – 23 **le bout des doigts** *mpl* Fingerspitze – 24 **une inflexion** *ici :* un mouvement, une mélodie – 25 **rêvasser** → un rêve – 27 **un fantassin** un soldat d'infanterie

aperçu, c'était trop tard. Je ne l'avais pas entendu arriver dans mon dos. Il s'est emparé de ma feuille en haussant les sourcils et je n'ai rien pu faire pour l'en empêcher.

– Regardez ce que James vient de nous faire ! il a dit en brandissant mon dessin.

La honte de ma vie. Le dessin était nul. Mais surtout, il allait mettre la puce à l'oreille à tout le monde. Avec ce dessin, je leur disais : « Que celui ou celle qui a cassé mon soldat voltigeur lève la main ! » Évidemment, il n'y a pas eu un geste dans la classe. Il m'a semblé quand même que Mikaleff regardait la silhouette ébauchée avec une attention particulière, mais en même temps, comme il était très myope, c'était dur de savoir.

– Dans la chanson, la femme nous raconte qu'elle attend son mari parti à la guerre. Tu avais compris ses paroles, James ?

– Pas du tout.

– Alors là, je m'adresse à vous tous. Qu'est-ce que ça signifie ?

Gelatos a levé la main :

– Ça veut dire que la musique est plus forte que les mots.

– Absolument ! Elle parle à tout le monde. James a senti l'émotion de cette femme et son dégoût de la guerre. Ton soldat, James, ne fait que nous rappeler la folie des hommes.

Il s'est ensuite intéressé aux autres dessins de la classe. Il les commentait avec enthousiasme, il encourageait tous les élèves, même ceux qui n'avaient rien dessiné du tout.

– Super, ta page blanche ! Tu as voulu exprimer le vide affectif de cette femme, c'est ça ?

– Oui, m'sieu.

– C'est très bien.

Subitement, son sourire s'est figé. Son regard a bloqué sur quelque chose au fond de la classe.

2 **s'emparer de qc** prendre qc – 2 **°hausser les sourcils** *mpl* die Augenbrauen hochziehen – 4 **brandir** *ici :* montrer – 7 **mettre la puce à l'oreille de qn** jdm einen Hinweis geben – 8 **celui / celle** derjenige / diejenige – 10 **ébaucher** skizzieren – 12 **myope** qui ne voit pas ce qui est loin – 20 **le dégoût** *ici :* Widerwillen – 23 **encourager qn** jdn ermuntern – 25 **le vide affectif** le manque d'émotion – 29 **se figer** *ici :* erstarren

– Les statuettes ont disparu ! C'est pas vrai ! Quelqu'un a touché à mes statuettes ?

Tout le monde a fait non de la tête. Le prof a eu l'air vraiment catastrophé. Je l'ai senti au bord des larmes. Il s'est mis à fouiller partout dans la salle.

– On les a volées ! il a crié. On a volé les statuettes !

À cet instant, la cloche a sonné. C'était la fin du cours. Mais personne n'a bougé.

– Je vais chez le directeur ! Et s'il y a un voleur dans le collège, ça va barder pour lui ! Allez, dehors !

Une fois dans la cour, j'ai demandé à Mikaleff :

– C'est quoi ces statuettes, exactement ?

– Il les a rapportées de ses voyages. Il y tient beaucoup. Elles étaient super belles. Il y en avait six.

– Mais qui a bien pu les voler ? j'ai demandé. Mikaleff a levé les yeux au ciel. Il ne connaissait pas la réponse.

Dans les couloirs, les élèves ne parlaient plus que de ça. On disait que le prof de musique, furax, était rentré chez lui. D'après ce que racontaient certains, il avait rapporté ces statuettes il y avait quelque temps pour illustrer un cours sur la tradition orale en Afrique. Puis il les avait laissées dans la salle de classe en disant qu'il émanait d'elles une chaleur bienveillante.

Je comprenais qu'il soit triste pour ces objets auxquels il tenait, mais aussi parce que quelqu'un, dans le collège, avait profité de sa gentillesse pour les voler. Maintenant, il n'aurait plus confiance en personne.

– J'espère que le voleur sera renvoyé du collège ! a tonné Mikaleff.

4 **être au bord des larmes** *fpl* presque pleurer – 9 **ça va barder** *fam* ça va mal aller – 13 **qn tient à qc** qc est important pour qn – 18 **furax** *fam* furieux, très en colère – 22 **émaner de qc/ qn** *ici :* von etw/jdm ausgestrahlt werden – 22 **bienveillant, e** wohlwollend – 25 **la gentillesse** Freundlichkeit – 25 **avoir confiance f en qn** in jdn Vertrauen haben – 27 **tonner** *ici :* dire d'une voix forte

– C'est peut-être quelqu'un de l'extérieur qui s'est introduit dans l'établissement, j'ai dit.

Il m'a regardé bizarrement, comme si j'avais proféré une énormité :

– Non, le voleur est parmi nous, je le sens.

*

Kevin m'a accueilli avec des jappements. Son grand jeu, c'était d'attraper la poignée de mon sac avec ses dents et de le porter à l'intérieur. Avant, il l'abandonnait dans le salon. Maintenant il le montait directement dans ma chambre, comme un chien intelligent.

J'ai repensé à la phrase de Mikaleff : « Le voleur est parmi nous. » C'était étrange, il savait des choses que moi je ne devais pas savoir. On me faisait croire que j'étais bien intégré, mais en réalité c'était tout l'inverse.

J'ai entendu la voiture de maman se garer devant la grille. Cela m'a aussitôt plongé dans un autre bain glacé. Mécaniquement, j'ai tourné la tête vers l'étagère : mon soldat voltigeur manquait toujours à l'appel. Ma mère allait s'en apercevoir tôt ou tard. Et forcément, elle rapporterait le fait à papy Martial. Mais je continuais à me demander pourquoi elle avait prétendu que la figurine se trouvait sur la cheminée du salon. J'avais eu la preuve qu'elle était capable de raconter n'importe quoi, et cela m'inquiétait. Je m'en voulais presque d'avoir entendu cette conversation. En même temps, Gaëlle avait probablement dit ça sans raison particulière. Elle n'était pas censée savoir où je rangeais exactement mes affaires.

---

1 **s'introduire dans** entrer dans – 2 **un établissement** *ici :* le collège – 3 **proférer** dire – 7 **un jappement** Kläffen – 8 **une poignée** *ici :* Tragegriff – 15 **l'inverse** *m* le contraire – 16 **une grille** *ici :* Torgitter – 20 **un fait** Tatsache – 21 **prétendre** *ici :* behaupten – 22 **une preuve** Beweis – 23 **inquiéter qn** troubler qn, alarmer qn – 24 **en vouloir à qn** être en colère contre qn – 26 **ne pas être censé, e savoir qc** etw eigentlich nicht wissen sollen / dürfen

Tout ça lui passait au-dessus de la tête. Elle avait autre chose à faire que de s'occuper de la santé de mes babioles. C'était moi qui devenais complètement paranoïaque et tourmenté, parce que je n'aimais pas cette idée que quelqu'un soit entré dans ma chambre, ait brisé le soldat, puis l'ait jeté à la poubelle. Il y avait dans cette succession de scènes une musique attristante. Je me suis demandé ce que je ferais, moi, si je cassais quelque chose chez quelqu'un, genre bibelot de valeur. Serais-je capable de m'en débarrasser de cette façon, l'expédiant aux oubliettes après l'avoir emballé dans une enveloppe kraft ? En serais-je ou non capable ? Je me suis souvenu de la fois où j'avais cassé la poupée d'une cousine. J'en avais déboîté le bras. Alors, de peur de me faire gronder, j'avais poussé la poupée sous le lit, hop, ni vu ni connu. Évidemment, j'avais six ans à l'époque. Aujourd'hui c'était différent. Ce genre de truc ne pouvait pas se reproduire, c'était impossible. En même temps, je n'en savais rien. Peut-être que moi aussi j'aurais fait exactement la même chose, même si c'était nul de chez nul.

Mais le pire, c'était que je ne savais pas pourquoi cette histoire m'obsédait à ce point.

C'était peut-être l'air de Valence qui ne me réussissait pas. On disait que le mistral pouvait rendre les gens fous.

J'ai décidé que j'allais parler de tout ça au dîner. Gaëlle était souvent stressée le matin, mais le soir, après le boulot, lorsqu'elle s'occupait du jardin d'un air nonchalant, on pouvait discuter de tout. Et puis elle était en droit de savoir ce qui s'était passé chez elle. Elle me dirait de faire attention à mes fréquentations et de ne pas faire entrer n'importe qui à la maison. Rien que du bon sens, finalement.

---

1 **ça lui passe au-dessus de la tête** *expr* ça lui est égal – 2 **une babiole** Schnickschnack – 3 **tourmenté, e** *ici :* stressé – 6 **une succession** [syksesjɔ̃] une suite, une série – 6 **attristant, e** → triste – 8 **un bibelot** Nippfigur – 8 **la valeur** Wert – 8 **se débarrasser de qc** etw loswerden – 9 **expédier qc aux oubliettes** *fpl* etw in der Versenkung verschwinden lassen – 12 **déboîter** *ici :* auskugeln, ausrenken – 12 **se faire gronder** ausgeschimpft werden – 19 **obséder qn** → une obsession – 23 **le boulot** *fam* le travail – 24 **nonchalant, e** gelassen – 26 **des fréquentations** *fpl ici :* des amis, les jeunes rencontrés en dehors du collège

Cette pensée m'a subitement apaisé. Ragaillardi, j'ai saisi mon sac pour faire mes devoirs. J'ai déballé mes affaires, trousse, cahier de textes, livre de français… quand, soudain, ma main a heurté quelque chose de bizarre tout au fond. Mes doigts ont palpé la croûte lisse de l'objet, mon souffle s'est suspendu… Que faisait cette statuette africaine dans mon sac ? Incrédule, je l'ai examinée, tripotée, je ne rêvais pas. Sculptée dans l'ébène, elle mesurait une vingtaine de centimètres et représentait une femme avec de grands anneaux dans les oreilles, portant un panier sur la tête. Je me suis senti très mal subitement. C'était grave. Je me retrouvais voleur sans savoir comment.

Des pas dans l'escalier m'ont sorti de ma torpeur.

– James ? C'est maman, tu es là ?

– Oui ! j'ai répondu, affolé, en dissimulant aussitôt l'objet dans un tiroir.

La porte s'est ouverte. Ma mère est apparue, souriante.

– Ça va, mon chéri ? La journée a été bonne ?

– Ouais… super…

– Tu as l'air contrarié. Quelque chose ne va pas ?

– Non… non, tout va bien… Et toi… ?

– Tu es tout rouge…

– Mais non, c'est… c'est parce que je dois écrire un texte en français, je ne sais pas par quel bout commencer…

– Un texte sur quoi ?

– Euh… ben, sur l'Afrique.

Elle était derrière moi. Dans le miroir, j'ai vu qu'elle regardait du côté de l'étagère, à l'endroit précisément où aurait dû se trouver le soldat voltigeur. Mais, au lieu de me demander où était passée la figurine, ma mère est sortie de ma chambre après m'avoir caressé

---

1 **apaiser qn** → l'apaisement (cf. p. 16) – 1 **ragaillardi, e** qui a retrouvé de l'énergie – 2 **un cahier de texte** un agenda pour l'école – 3 °**heurter** ici : toucher – 4 **palper** ertasten – 5 **lisse** glatt – 5 **se suspendre** ici : s'arrêter – 6 **incrédule** qui ne peut pas croire ce qui se passe – 7 **tripoter qc** toucher qc partout – 7 **l'ébène** m Ebenholz – 9 **un anneau** Ring – 9 **un panier** Korb – 12 **la torpeur** Erstarrung – 14 **affolé, e** alarmé, paniqué – 14 **dissimuler** cacher – 16 **apparaître** erscheinen – 19 **contrarié, e** mécontent – 23 **par quel bout** ici : comment/où

les cheveux. N'avait-elle pas vu qu'il manquait le voltigeur ou bien avait-elle fait semblant de ne pas le voir ? J'étais dans un état de nerfs pas possible. J'ai ouvert le tiroir de mon bureau, la statuette africaine était toujours là…

Mikaleff m'avait dit qu'elles étaient au nombre de six. Où étaient passées les cinq autres ? Je ne savais pas ce que je devais faire. Je me sentais coupable d'un vol que je n'avais pas commis.

Pour me remonter le moral, Kevin s'est mis à déchiqueter ma pantoufle. Il s'acharnait dessus comme s'il s'agissait d'un bout de viande. Puis, voyant que je ne réagissais pas, il a arrêté et il est venu sagement poser sa tête sur mon genou. On aurait dit, malgré son air idiot, qu'il comprenait la gravité de la situation.

– T'inquiète pas, j'ai murmuré. Je me trouve dans une position hyper délicate, mais ça va s'arranger. Je ne sais pas trop comment. Ce qui est sûr, c'est que je suis innocent. Ce n'est pas moi qui ai volé cette statuette africaine. N'est-ce pas ?

– Wouff…

Bientôt l'heure du dîner, et j'essaie d'avoir l'air détendu. C'est pas facile. La conversation porte sur les prochaines vacances. Gaëlle veut savoir où j'ai envie d'aller. J'en sais rien, ça m'est égal. Je dis Paris pour retrouver l'odeur du métro. En réalité je rêve de vacances sous la couette. Plumes d'oie, politique de l'autruche, voilà ce qu'il me faut. De vraies vacances, hors du réel. Loin des vivants, loin du soleil. J'ai dit que j'avais ce devoir de français à terminer, elle m'a répondu : « Je t'apporterai une tisane. » Douce nuit. Et les questions reviennent en boucle : la statuette africaine, qui l'a mise dans mon sac ? Et pourquoi ? Dans quel but exactement ?

---

7 **coupable** schuldig – 8 **déchiqueter** in Stücke reißen – 9 **s'acharner sur qc** *ici :* sich festbeißen – 9 **il s'agit de** es geht um – 14 **délicat, e** *ici :* difficile, compliqué – 18 **détendu, e** relax – 22 **une couette** *cf p. 22* – 22 **une plume d'oie** *f* Gänsefeder – 22 **une autruche** Vogel Strauß – 25 **une tisane** Kräutertee – 26 **en boucle** *f ici :* encore et encore – 27 **un but** [byt] *ici :* Ziel

4

Je crois que j'ai fait une grosse bêtise. Avant de partir au collège, j'ai remis la statuette dans mon sac à dos. Je ne sais pas pourquoi j'ai fait ça. J'aurais dû la laisser dans ma chambre. En même temps, j'avais envie de m'en débarrasser au plus vite. Pas n'importe où, bien entendu. J'irais la restituer à son propriétaire. Mais comment faire ? À qui parler de ça ? J'avais besoin d'aide. Tout seul, c'était pas possible.

Cette histoire faisait la une de la gazette. Certains racontaient que la police allait s'en mêler et que des caméras seraient installées dans les classes, sous le préau, dans les toilettes. À travers le prof de musique, c'était l'Éducation nationale qui était visée. L'auteur du vol pouvait déjà faire son signe de croix. Tôt ou tard, il serait pris et arrêté, puis pendu sur la place publique.

Avec la statuette dans mon sac, j'avais l'impression de transporter de la dynamite. Je me sentais de plus en plus mal à l'aise, je sursautais quand on m'adressait la parole, tout devenait compliqué, surtout en classe, quand il fallait ouvrir le sac. Le cauchemar non-stop. Je pouvais pas garder ça pour moi tout seul. J'ai pensé à Mikaleff, j'avais besoin de lui. Il m'a écouté, bouche bée.

– C'est dingue ton histoire ! il a fait.

– Je sais, ça paraît incroyable. Mais c'est la vérité. Tu ferais quoi à ma place ?

Il a haussé les épaules :

– Je sais pas, mais le plus urgent, c'est de te débarrasser de la statuette. Faut pas qu'on puisse la retrouver dans tes affaires, sinon t'es mal.

– C'est clair. Je vais la déposer dans le casier du prof de musique.

– Ni vu ni connu.

4 **se débarrasser de qc** cf p. 30 – 5 **restituer qc** redonner qc – 5 **un propriétaire** *ici :* Besitzer – 8 **une gazette** un journal, un magazine – 9 **se mêler de qc** *ici :* intervenir – 10 **un préau** überdachter Pausenhof – 11 **viser qn/qc** *ici :* concerner qn/qc – 13 **pendre qn** jdn aufhängen – 15 **sursauter** *ici :* aufschrecken – 16 **adresser la parole à qn** parler à qn – 17 **un cauchemar** un mauvais rêve – 19 **bouche bée** *expr* très surpris – 20 **dingue** *fam* fou – 23 °**hausser les épaules** *fpl* mit den Schultern zucken – 27 **un casier** Fach

Les cours ont repris. Une douleur me ceinturait le ventre. J'ai demandé l'autorisation d'aller à l'infirmerie. La statuette dormait dans la poche intérieure de ma veste. Sur le chemin, j'ai fait un détour par les casiers des professeurs. Une opération de quelques secondes. Ensuite j'ai éprouvé un immense soulagement.

– Hé, toi ! a grondé une voix derrière moi. Qu'est-ce que tu fais dans les couloirs ?

Je me suis retourné. C'était le directeur.

– Je… j'allais à l'infirmerie… je me suis perdu…

– Perdu ? À côté du CDI, tu ne te souviens plus ?

– Ben, c'est-à-dire que je… je suis nouveau…

– Mais oui ! Excuse-moi, James. Viens, je t'accompagne. Alors, t'es content ici ?

– Super.

– Parfait.

L'infirmière m'a trouvé pâlot. Je me suis reposé vingt minutes sur un lit. Puis, juste avant la sonnerie, je suis retourné en cours de géo pour récupérer mon sac.

*

Sur le chemin du retour, je me suis arrêté devant la boutique d'un photographe qui exposait une panoplie d'appareils numériques. Je rêvais d'un engin de ce type. Mon préféré avait une forme carrément rétro. Avec maman, nous étions allés en vacances au Mexique, et dans un restaurant un homme mitraillait les touristes avec un appareil semblable à celui-ci. Il était revenu un moment plus tard avec une étonnante photo qu'il avait prise de nous.

---

1 **ceinturer** umklammern – 3 **une veste** Jacke – 4 **un détour** Umweg – 5 **un soulagement** Erleichterung – 6 **gronder** *ici : fig* donnern – 16 **pâlot, pâlotte** [pɑlo,pɑlɔt] blass – 21 **une panoplie** *ici :* une série, une collection – 21 **un appareil (photo) numérique** digitale Kamera – 22 **un engin** *ici :* un appareil *(Gerät)* – 24 **mitrailler qn** *ici : fam* faire beaucoup de photos de qn – 25 **semblable à qc** comme qc – 26 **étonnant, e** erstaunlich

Impossible de mettre la main sur mon cahier d'anglais. Il y avait dedans une liste de mots et de phrases que nous devions connaître pour le lendemain. Je l'avais pourtant aujourd'hui en cours. Et je savais que je ne l'avais pas oublié en classe. J'ai fouillé partout, en vain. Sans cahier, impossible de réviser.

Du coup, le lendemain, j'étais hyper stressé au moment de l'interro. En arrivant au collège, j'étais passé à l'accueil pour savoir si mon cahier avait été retrouvé, mais non. Mystère.

Le contrôle a duré à peine quinze minutes. Le cauchemar intégral. Ensuite, pendant le visionnage d'une vidéo de la BBC, la prof a corrigé les copies. À la fin, elle a distribué les notes. J'ai attrapé le carton du siècle. C'était bête, c'était rien qu'une note, mais j'avais envie de pleurer. Je n'osais pas dire à la prof que j'avais perdu mon cahier.

À la récré, je suis resté dans mon coin. Gelatos n'était pas là. La veille au soir, il s'était cassé la jambe à la patinoire. J'avais entendu dire qu'il avait fait une chute spectaculaire en voulant frimer. Un groupe d'élèves avait décidé d'aller lui rendre visite chez lui. Moi j'avais pas envie. J'en avais marre du collège. Mikaleff s'est approché de moi :

– Regarde ce que j'ai trouvé dans les toilettes.

– Mon cahier d'anglais !

Je le lui ai pris des mains. Il était tout abîmé !

– Tu as dû le faire tomber hier, m'a-t-il dit.

– Tu crois que je vais aux toilettes avec mon cahier d'anglais ?

– T'énerve pas…

– Si, je m'énerve ! J'en ai marre ! Depuis que j'ai débarqué dans ce collège, il m'arrive que des trucs bizarres !

Surpris que je lui parle sur ce ton, Mikaleff s'est éloigné. Je trouvais ça étrange que ce soit justement lui qui ait retrouvé mon

---

5 **réviser** *ici :* apprendre – 7 **l'accueil** *m* Empfang – 10 **intégral, e** complet, total – 12 **le carton du siècle** *m fam ici :* une mauvaise note – 15 **rester dans son coin** rester seul, isolé – 16 **la veille au soir** am Abend vorher – 16 **une patinoire** Eisbahn – 17 **faire une chute** tomber – 17 **frimer** angeben – 23 **abîmé, e** beschädigt – 29 **s'éloigner** partir plus loin

cahier d'anglais. Je ne savais pas pourquoi, mais j'avais l'impression qu'il jouait double jeu. Je me trompais peut-être. Je ne savais plus très bien où j'en étais. J'ai repensé à la veille. Pendant que j'étais à l'infirmerie, mon sac était resté dans la classe. Durant mon absence, quelqu'un avait très bien pu dérober mon cahier. Mais qui ? Et pourquoi ?

2 **se tromper** faire une erreur – 5 **dérober** voler, emporter

5

C'était samedi et l'aspirateur chantait. Un air à tue-tête qui n'en finissait pas. Vraiment le truc qui me mettait de bonne humeur le matin. L'espace d'un court instant, en m'éveillant, je m'étais dit que ce serait drôlement bien si tout redevenait comme avant, lorsque papy m'avait offert ce soldat de porcelaine avec un cérémonial digne d'une remise de diplôme.

J'avais détesté cette figurine dès le premier regard. Mais j'avais fait semblant de l'adorer. Mon grand-père m'offrait toujours des trucs bizarres. Il avait l'air tellement content, il y mettait tellement de tralala que c'était difficile de lui dire en face que ça n'allait pas. Ce militaire figé, c'était laid, ringard. Je n'avais jamais aimé les soldats. J'avais cependant montré combien j'étais fier de recevoir cette relique familiale. Je n'étais pas obligé de dire tout le temps ce que je pensais. J'avais probablement passé l'âge d'être spontané. Je savais surtout que s'apercevoir de ma déception aurait fait de la peine à mon grand-père. Et à ma mère également. Un cadeau étrange, voilà tout. Quelque chose qu'il fallait se contenter de regarder tellement c'était fragile. Et il y avait une grosse pression autour de ça. J'aurais préféré un chèque. Ou du cash. Tout sauf ça, un objet qui attirait les soucis, les situations pénibles. Quelque chose qui n'était pas pour moi.

Je suis descendu pour partager le petit déjeuner avec Gaëlle.

– Partie, a dit la femme de ménage.

– Où ça ?

– Travailler.

– Un samedi ?

Ma mère allait bosser le samedi maintenant !

C'était nouveau.

---

1 **à tue-tête** *ici :* dont le volume est fort – 6 **digne de qc** *ici :* comme pour qc – 6 **une remise de diplôme** le fait de donner officiellement un diplôme – 11 **laid, e** ≠ beau – 11 **ringard, e** *fam* démodé – 12 **fier, fière** stolz – 15 **une déception** Enttäuschung – 15 **faire de la peine à qn** *ici :* jdn verletzen – 20 **un souci** Sorge – 27 **bosser** *fam* travailler

J'ai ouvert un à un les tiroirs de la cuisine pour trouver ce que je cherchais. De la superglue. Mon projet était né sous la douche ce matin. Je m'étais dit que je pourrais essayer de recoller les morceaux de la figurine. Il manquait la tête mais elle ne devait pas être très loin. Une tête sans jambes, forcément, ça ne parcourt pas des kilomètres. Pour moi, c'était surtout une façon de ne pas rester les doigts croisés, sans rien faire. Car tout pouvait se recoller, même mal.

La courette de la maison avait été nettoyée au karcher. Les dalles de pierre brillaient. Au niveau du jardinet, la terre avait été tassée, l'apocalypse rectifiée. Les jonquilles se relevaient comme des victimes de guerre. Il ne restait rien du raz-de-marée de l'autre jour. Maria balayait plus vite que son ombre, c'était une magicienne, disait Gaëlle.

J'ai profité de l'absence de ma mère pour ramper sous les rosiers, là où j'avais enterré les morceaux de la figurine. Je me suis mis à gratter comme un chien, enfonçant les ongles dans la terre, sentant au bout de mes doigts le contact humide, mais j'avais beau creuser avec hystérie, l'enveloppe kraft restait introuvable…

Kevin, toujours aussi malin, croyait que je jouais à me cacher et me mordillait les chevilles, comme pour me dire : « Je t'ai trouvé ! » C'était dingue. Il passait son temps à avoir envie de jouer. Franchement, la vie n'avait pas le même sens pour lui que pour moi.

J'essayais de me souvenir précisément de l'endroit où j'avais enfoui le paquet, mais cela devenait de plus en plus confus dans mon esprit.

Soudain une voix a claqué dans mon dos :

---

9 **une courette** une petite cour – 10 **briller** glänzen – 10 **tasser** *ici :* feststampfen – 11 **rectifier** corriger – 12 **un raz-de-marée** *cf. p. 18* – 13 **balayer** fegen – 13 **une ombre** Schatten – 15 **ramper** kriechen – 17 **gratter** *ici :* scharren – 18 **avoir beau faire qc** etw vergeblich tun – 18 **creuser** graben – 20 **malin, maligne** schlau – 21 **mordiller qc** auf etw herumbeißen – 21 **une cheville** Knöchel – 26 **enfouir** *ici :* mettre dans la terre – 3 **se contorsionner** sich verrenken – 3 **échapper à qc/qn** *ici :* etw/jdm ausweichen

– Tu cherches quelque chose ?

C'était Maria. J'avais pratiquement le nez dans la terre et je me contorsionnais pour échapper aux épines du rosier.

– Euh, non, j'ai dit.

– Tu as perdu quelque chose ?

– Oui, euh… un bijou.

– Tu portes des bijoux maintenant ?

– Non, j'ai admis, en me sentant lamentable. Maria devait penser que j'étais devenu cinglé.

– J'ai jeté tout ce qui traînait au pied des rosiers, elle a dit. C'était une vraie décharge.

– Tout ?

– Je ne fais jamais les choses à moitié. Tu veux que je te prépare ton petit déjeuner ?

Elle me parlait comme si j'étais un petit enfant ou un débile dangereux. Quelqu'un que l'on manipule avec des pincettes. Était-ce Maria qui avait déterré puis fait disparaître l'enveloppe ? Elle m'aurait certainement donné la réponse, mais je ne pouvais pas me permettre de lui poser la question. Cela devenait infernal. J'ai rangé la superglue. Il se passait des choses anormales dans cette maison.

---

3 **une épine** *ici :* Dorn – 6 **un bijou** Schmuck – 8 **lamentable** *ici :* jämmerlich – 9 **cinglé, e** *fam* fou – 11 **une décharge** *ici : fig* Mülldeponie – 16 **manipuler qn avec des pincettes** *fpl expr* jdn mit Samthandschuhen anfassen – 19 **infernal, e** *ici :* horrible

6

Depuis que Gelatos était cloué chez lui, Mikaleff s'était occupé de lui apporter les cours à domicile.

– Je croyais que tu l'aimais pas beaucoup, j'ai dit.

– Mais pas du tout ! Gelatos, je le connais depuis la maternelle.

C'était sûrement moi qui ne comprenais rien. Je débarquais dans une histoire dont j'ignorais le début. Avec mes anciens potes, moi aussi je me disputais de temps en temps. Mais on se connaissait si bien et depuis si longtemps qu'on finissait toujours par se réconcilier. Mikaleff et Gelatos, ça devait être pareil. Je n'avais pas à m'en mêler, c'étaient leurs histoires.

– Tu peux me rendre un service ? m'a demandé Mikaleff. Tu peux aller chez Gelatos ce soir à ma place ? Parce que j'ai mon cours de piano.

– Bien sûr, pas de problème.

– Tu lui donnes juste les cours et tu t'en vas.

Gelatos habitait en fait pas très loin de chez moi et j'étais surpris de ne l'avoir jamais croisé dans le quartier. Sa maison ressemblait à la mienne, mais en beaucoup plus grande. Des arbres immenses dissimulaient une partie de la bâtisse. Mais depuis le portail, on pouvait quand même apercevoir la piscine. J'ai sonné. Un perroquet s'est mis à déblatérer et Gelatos lui a crié de la boucler. Il m'a ouvert et j'ai constaté qu'il marchait difficilement avec ses béquilles.

– James ? il a fait, surpris.

– Salut, je viens t'apporter les cours. Mikaleff n'était pas libre.

– Ah, OK… Ben, entre.

---

1 **être cloué, e chez soi** devoir rester à la maison p. ex. parce qu'on est malade – 4 **la maternelle / l'école maternelle** l'école de 2 à 6 ans – 9 **se réconcilier** → une réconciliation *(cf. p. 24)* – 9 **pareil, le** gleich, ähnlich – 17 **croiser qn** rencontrer qn – 19 **dissimuler** *cf. p. 31* – 19 **une bâtisse** *ici :* une maison – 21 **un perroquet** Papagei – 21 **déblatérer** *fam ici :* parler beaucoup – 21 **la boucler** *expr fam* fermer la bouche, ne plus parler – 23 **une béquille** *ici :* Krücke

On a discuté de tout et de rien. Je lui ai passé les cours de la journée. Gelatos m'a remercié. Il était plus sympa qu'au collège. Il m'a fait visiter la maison à la vitesse d'une tortue. Sa chambre était géniale. Il avait même une télé pour lui tout seul.

– Elle marche pas, il m'a dit, comme s'il lisait dans mes pensées. Je peux juste regarder des cassettes ou des DVD.

– Tu reviens quand au collège ?

– Dans deux ou trois jours.

– Tu veux que je continue de t'apporter les cours ?

Mikaleff va faire la tête, mais d'accord.

– Tu le connais depuis longtemps ? j'ai demandé ingénument.

– Non, depuis l'année dernière seulement. Avant il habitait à Montélimar. Tu le trouves sympa ?

J'ai pas fait de commentaire. Mikaleff mentait quand il prétendait connaître Gelatos depuis la maternelle. À quoi ça servait ?

Le lendemain, je n'avais plus qu'un souci : éviter Mikaleff. Il m'avait menti, j'aimais pas. En classe, j'ai changé de place, comme ça je l'avais plus à côté de moi. Manifestement, il ne comprenait pas car il me cherchait sans cesse du regard. Il m'adressait des signes, style « qu'est-ce qui se passe ? ». Je faisais celui qui le voyait pas. Je restais au fond, près de la fenêtre, visage fermé. Il y avait une place vide au premier rang, celle de Gelatos.

Pendant le cours de maths, on a toqué à la porte. C'était le directeur. Il a annoncé sans détour qu'il venait fouiller les cartables, rapport à cette histoire de statuettes volées. Moi, je trouvais qu'il arrivait un peu tard. Je n'avais rien à me reprocher et je n'ai pas eu peur quand, après avoir vérifié les sacs de la classe, il s'est approché de moi.

– Tu me fais voir tes affaires, James ? il m'a demandé gentiment.

---

3 **une tortue** Schildkröte – 10 **faire la tête** *expr fam* ne pas être content – 11 **ingénument** naïvement – 19 **sans cesse** *expr* toujours – 26 **ne rien avoir à se reprocher** savoir qu'on est innocent – 29 **gentiment** → la gentillesse *(cf. p. 28)*

Je lui ai rendu son sourire tout en lui présentant ma sacoche. Sa main a plongé à l'intérieur. Son visage s'est figé. Le mien aussi quand j'ai vu ce qu'il avait trouvé : une statuette africaine ! Une rumeur a secoué la classe. J'ai entendu des « oh ! » stupéfaits. Des « c'était lui le voleur ? ».

Mes tempes se sont mises à bourdonner, des mouches noires ont dansé devant mes yeux. Comme dans un brouillard, j'ai reconnu la voix du directeur :

– Viens avec moi, James.

Je me suis senti défaillir, mes jambes se sont dérobées sous moi. C'est la prof de maths qui m'a empêché de tomber en me retenant.

– Il faut le conduire à l'infirmerie, elle a dit.

J'ai repris mes esprits dans un lit. Le directeur se tenait près de moi :

– Ça va mieux ?

– Je crois, oui.

– Bon, alors tu vas tout me dire.

– Non.

Il s'est levé :

– Comme tu voudras…

– Attendez !

Je me suis mis à parler vite, très vite, trébuchant sur les mots. J'ai tout raconté, la première fois où j'avais trouvé une statuette dans mon sac en arrivant chez moi, mon cahier d'anglais qui avait disparu mystérieusement, puis cette nouvelle statuette au beau milieu de mes affaires.

– D'abord, je les avais jamais vues, ces statuettes africaines, j'ai expliqué. Je savais même pas qu'elles existaient jusqu'au jour où elles ont été volées.

Le directeur m'écoutait sans m'interrompre.

---

1 **une sacoche** → un sac – 2 **se figer** erstarren – 4 **une rumeur** *ici :* Stimmen – 4 **stupéfait, e** très surpris – 6 **une tempe** Schläfe – 6 **bourdonner** faire un bruit *sourd (dumpf)* – 6 **une mouche** Fliege, *ici :* un point noir – 7 **le brouillard** Nebel – 10 **défaillir** in Ohnmacht fallen – 10 **se dérober** *ici :* versagen – 23 **trébucher** stolpern

– D'ailleurs, j'ai ajouté, la première statuette, je l'ai remise dans le casier du prof de musique.

– Je sais.

– C'est pas moi, monsieur… 5

– Je te crois, James, il a soupiré. Mais pour l'instant, j'aimerais discuter avec ta mère. Tu peux lui demander de passer me voir ?

– Oui, monsieur.

Il m'a regardé comme si j'étais une graine de délinquant. Après tout, il avait trouvé une statuette dans mon sac. Et cela ne jouait 10 pas en ma faveur.

Dans la cour, je me suis retrouvé tel un paria. Non seulement j'étais le nouveau, mais en plus j'étais le VOLEUR. Il me manquait que le bonnet d'âne. Les insultes fusaient, pareilles à des pierres de lapidation. Il y avait eux et moi dans cette immense cour ponctuée 15 de châtaigniers. Le peuple et le coupable, comme deux puissances prêtes à s'affronter. Il était trop tard pour discuter. J'aurais beau argumenter, ils resteraient sourds.

Seul sur une île hostile, silencieuse.

Mikaleff s'est approché de moi par-derrière. J'ai sursauté. Je n'ai 20 pas su quoi lui dire. Il m'a pris la main.

– Écoute, c'est pas si grave, ça va s'arranger.

– Je vois pas comment.

– Tu sais, j'ai une cousine qui était pickpocket, elle pouvait pas s'empêcher de voler. Eh bien, elle est allée voir quelqu'un, une sorte 25 de médecin. C'est comme une maladie, ça se soigne.

– Mais je ne suis pas un voleur ! Tu le sais !

Il m'a regardé, pas très convaincu.

– Ma cousine aussi, elle disait toujours qu'elle était pas une voleuse, même quand on la prenait sur le fait.

---

1 **interrompre qn** jdn unterbrechen – 6 **soupirer** seufzen – 9 **une graine de délinquant** qn qui va devenir un petit criminel – 10 **jouer en la faveur de qn** *ici :* être bon / positif pour qn – 12 **un paria** qn qui est exclu par les autres – 14 **un bonnet d'âne** *m vx* un bonnet *(Mütze)* que devaient porter les mauvais élèves autrefois *(früher)* – 15 **une lapidation** Steinigung – 16 **un châtaignier** Kastanienbaum – 16 **une puissance** une force – 17 **s'affronter** se battre – 18 **sourd, e** *ici :* qui ne veut pas écouter – 19 **hostile** ≠ amical

    – Mais enfin, Mikaleff, ne me dis pas que tu me compares à ta cousine ?

– Moi, je suis toujours ton pote, il a dit avant de s'éloigner.

Je suis resté comme sonné. Mikaleff n'avait rien compris. C'était un très mauvais rêve que j'étais pas certain de mériter.

---

2 **prendre qn sur le fait** *expr* jdn auf frischer Tat ertappen – 6 **sonné, e** *ici : fam* baff – 7 **mériter qc** etw verdienen

44

7

Arrivé à la maison, j'ai fait une chose terrible. Ça avait la violence d'un sacrilège. J'ai planté les ciseaux dans mes cheveux et j'ai coupé, coupé. Répété l'opération jusqu'à la dernière mèche. Puis j'ai achevé le travail avec une tondeuse électrique, sans m'arrêter, dans une sorte de mouvement continu, obstiné, imperturbable. Ma tête avait changé dans le miroir. Ce n'était plus le James d'avant. Moi-même je peinais à le reconnaître. C'était la rupture.

Ma mère a poussé un cri d'horreur, je m'y attendais. Puis elle a dit : « Mais qu'est-ce que tu as fait ? Pourquoi ? Mais pourquoi ? »

Mes cheveux sur le sol avaient un air d'apocalypse. N'y tenant plus, ma mère a fondu en larmes. Ce n'était pas la première fois que je la voyais pleurer. Parfois, lorsqu'elle rentrait du travail, elle avait des moments de découragement. Mais ce coup-ci, c'était différent, c'était moi le responsable de sa détresse. C'était horrible à voir parce qu'elle pleurait comme une petite fille, secouée par des sanglots qui lui déformaient le visage.

– Maman, c'est rien… c'est rien du tout…

– Mais pourquoi ?

– Ben… c'est… c'est à cause des poux. Les poux sont arrivés au collège.

C'était nul comme explication, j'avais honte. Mais cela a eu un effet positif.

Gaëlle m'a regardé fixement comme si elle découvrait ma vraie tête, puis elle m'a souri.

– Tu ressembles à ton grand-père comme ça. Un vrai crâne d'œuf.

– Tu m'en veux ?

---

3 **une mèche** Strähne – 4 **achever** finir – 4 **une tondeuse** *ici* : Haarschneider – 5 **obstiné, e** *ici* : stur – 5 **imperturbable** unerschütterlich – 7 **peiner à faire qc** avoir des difficultés à faire qc – 7 **une rupture** *ici* : Bruch – 14 **la détresse** Hilflosigkeit – 16 **un sanglot** Schluchzer – 21 **avoir honte** → la honte *(cf. p. 27)* – 25 **un crâne d'œuf** *m fam* Glatzkopf

– Non. Après tout, ce sont des cheveux, et puis ça repousse, non ?

– Oui.

Quand elle est sortie de la salle de bains, ça a été mon tour de fondre en larmes, mais en silence, pour pas qu'elle entende. Puis, sur un coup de tête, j'ai cassé ma tirelire et je suis sorti les poches remplies d'un argent accumulé au fil du temps et auquel je n'avais jamais touché. J'ai foncé en direction de la boutique de photo et je me suis offert le numérique. Sur la route, j'ai aussi acheté un bouquet de fleurs. Énorme. C'était le premier vrai cadeau que je faisais à ma mère, avec mes sous.

J'ai allumé des bougies et je me suis occupé des pizzas, tout seul ; même si j'ai pas encore le bac, j'ai réussi à piger le mode d'emploi. On préchauffe le four, et puis hop, on enfourne la pizza, dix-huit minutes. J'ai ouvert une bouteille de vin pétillant pour maman.

– C'est en quel honneur, cette belle table ? elle a demandé.

– Pour rien, pour colorer le quotidien.

– Colorer le quotidien ? C'est joli comme expression ! Et puis merci pour les fleurs !

J'arrivais pas à lui parler de cette histoire de statuettes africaines. J'aurais dû me confier plus tôt, par exemple le jour où j'avais retrouvé la première statuette dans mon sac. Il n'y aurait sans doute jamais eu de seconde fois. J'aurais aussi pu en profiter pour balancer la vérité à propos du soldat voltigeur. Mais ça faisait beaucoup de choses à raconter. Il suffisait de trouver les bons mots : « Hum, voilà, j'ai cassé la figurine… Non, c'est pas moi… en fait, c'est pendant l'anniversaire, quelqu'un a dû la faire tomber… Je… je l'ai retrouvée dans la poubelle… Ensuite je… je l'ai enterrée près des rosiers et… et puis maintenant, je la retrouve plus, elle… elle a disparu. »

Waouh. Génial comme histoire.

5 **une tirelire** Sparbüchse – 7 **foncer** *fam* aller vite – 10 **des sous** *mpl* de l'argent – 12 **piger qc** *fam* comprendre qc – 12 **un mode d'emploi** des explications pour utiliser qc – 13 **préchauffer** → chaud – 13 **un four** Ofen – 14 **un vin pétillant** spritziger Wein – 16 **le quotidien** la vie de tous les jours – 20 **se confier (à qn)** sich (jdm) anvertrauen – 24 **il suffit de…** man braucht nur…

8

La tempête gonflait la toile de l'igloo Shelter et mon sommeil. Devant moi se dressait la silhouette de la figurine, grandeur humaine, teint bistre, qui semblait me défier : « Viens, attrape-moi ! » Je me mettais à courir mais le fantassin était d'une rapidité inouïe, passant d'un rocher à un autre avec l'agilité d'un animal. Insaisissable, il se dérobait à chaque instant. À un moment, j'ai été sur le point de le coincer. Nous étions arrivés au sommet, sur un plateau surplombant la nuit. Mais le soldat voltigeur, n'ayant plus d'issue pour fuir, a plongé dans le vide comme un oiseau. Je l'ai regardé descendre dans les airs, pareil à un ballon d'hélium, poussé par les vents et tournoyant comme une feuille d'automne. Sa cape déployée semblait faire office de parachute. Il perdait de l'altitude cependant. Je guettais l'instant où il se briserait les os à l'atterrissage. Puis l'obscurité a tiré un voile sombre qui s'est enroulé comme une eau siphonnée. Cela ressemblait à un puits aspirant. Le soldat a disparu dans le tourbillon. Et il semblait appeler à l'aide, d'une voix résonnante portée par un écho.

Je me suis réveillé en sursaut, front en sueur, réalisant que j'étais dans la Shelter offerte par Gaëlle. Je sortais lentement de mon cauchemar débile et angoissant.

Je n'avais pas envie de me rendormir. J'avais peur de retourner sur cette crête montagneuse, où le silence sifflait comme un vent froid. Je me suis extirpé à quatre pattes de la tente et j'ai regagné mon lit en traînant la couette derrière moi.

---

1 **gonfler** ici : (auf)blähen – 1 **le sommeil** Schlaf – 3 **bistre** marron-noir – 3 **défier qn** ici : provoquer qn – 5 **inouï, e** incroyable – 5 **l'agilité** f Beweglichkeit – 6 **insaisissable** qu'on ne peut pas attraper/prendre – 6 **se dérober** ici : partir, s'en aller très vite – 7 **être sur le point de faire qc** ici : presque faire qc – 7 **au sommet** en haut d'une montagne – 12 **déployé, e** ici : ouvert – 12 **faire office de qc** servir de qc – 12 **un parachute** Fallschirm – 13 **se briser les os** mpl [o] sich die Knochen brechen – 14 **l'obscurité** f Dunkelheit – 14 **un voile** Schleier – 14 **sombre** dunkel – 15 **siphonner** absaugen – 16 **un tourbillon** ici : Strudel – 18 **se réveiller en sursaut** aus dem Schlaf auffahren – 20 **angoissant, e** qui fait très peur – 22 **une crête** un sommet – 23 **s'extirper de** sortir de

Le lendemain matin, au réveil, je me suis senti beaucoup mieux. J'allais cesser de porter le poids de cette responsabilité. À présent, c'était quelque chose qu'il fallait oublier, gommer de ma mémoire, comme on supprime un dossier en cliquant sur *effacer*. Quant au reste, la disparition de l'enveloppe enterrée, le comportement de ma mère, tout ça n'était peut-être que le fruit d'une imagination incohérente. Je savais que l'angoisse était capable d'interférer sur les facultés du cerveau, sur ses capacités de discernement. Un surpoids d'anxiété pouvait déclencher une transe qui, tel un poison, provoquait des troubles mentaux. Bien, tout ça était terminé à présent.

2 **un poids** *ici :* Last – 4 **un dossier** *ici :* Ordner – 5 **un comportement** Verhalten – 7 **interférer sur qc** *ici :* modifier qc – 8 **les facultés** *fpl* **du cerveau** geistige Fähigkeiten – 8 **les capacités** *fpl* **de discernement** [disɛʀnəmã] *ici :* Einsichtsfähigkeiten – 9 **l'anxiété** *f* la peur – 9 **déclencher** provoquer – 10 **un poison** Gift

9

Gelatos m'a accueilli avec le sourire, comme la veille. Cela signifiait que personne ne l'avait encore mis au courant. Pas un mot non plus sur ma nouvelle coupe de cheveux. J'étais soulagé. Mon pote marchait de mieux en mieux avec son plâtre, son retour au collège était prévu pour le lendemain. Là, forcément, il apprendrait que j'avais été accusé de vol.

J'ai déballé mes affaires : anglais, maths, géo. J'avais fait des photocopies des cours au CDI. Gelatos les rangeait soigneusement dans son classeur. Il était hyper ordonné comme gars.

– C'est peut-être pas très prudent que tu retournes en cours demain, j'ai dit.

– Pourquoi ? Tu préfères quand je suis pas là ?

– Pas du tout ! Qu'est-ce que tu vas imaginer ?

– Si tu savais comme je m'ennuie ici. Même miss Avedianos me manque, c'est dire !

On a éclaté de rire. Gelatos a mis un disque sur la chaîne du salon. Comme moi, quand ma mère n'est pas là, il n'a pas hésité à monter le volume. Il dansait sur place en agitant ses béquilles dans tous les sens. Je voulais bien le croire quand il disait que plus tard il ferait de la scène. Parce qu'il avait vraiment un truc à lui, une présence qui faisait qu'on avait envie de le regarder.

Gelatos continuait de gesticuler quand, brusquement, le téléphone a sonné. Il m'a fait signe d'arrêter la musique et il a décroché. C'était sa mère. Gelatos a raconté que nous étions en train d'étudier, en m'adressant un clin d'œil. Pendant qu'il parlait, je suis parti chercher un verre d'eau à la cuisine. En passant devant sa chambre, j'ai été attiré par l'armoire de fringues qui était ouverte. Une vraie boutique. Ses tee-shirts étaient sur des cintres, classés par

---

2 **mettre qn au courant** informer qn – 3 **être soulagé, e** → un soulagement *(cf. p. 34)* – 4 **un plâtre** Gips – 9 **un classeur** Ordner – 9 **comme gars** *m fam* für einen Jungen/Kerl – 10 **c'est prudent** *ici :* es ist ratsam – 14 **s'ennuyer** sich langweilen – 20 **faire de la scène** être acteur – 20 **un truc** *ici :* un talent – 25 **un clin d'œil** *m* Augenzwinkern – 27 **des fringues** *fpl fam* des vêtements (→ être fringué *cf. p. 14)* – 28 **un cintre** Kleiderbügel

couleur. Même chose pour les chemises. Tout était parfaitement ordonné. Était-ce lui ou sa mère qui était maniaque ?

Mon regard a été happé par un objet dépassant de sous une pile de pulls. J'ai glissé la main. Quatre statuettes africaines étaient dissimulées sous les vêtements. Malgré l'émotion, j'ai eu le réflexe de sortir mon appareil numérique pour immortaliser la scène. Puis, dans une sorte d'extrême urgence, j'ai fourré les statuettes sous mon blouson. Lorsque la voix de Gelatos m'a fait sursauter :

– James, t'es où ?

Je suis sorti de sa chambre, retournant dans le salon.

– Qu'est-ce que tu faisais ?

– Euh… j'étais aux toilettes… Ça va pas fort…

– Qu'est-ce qui se passe ?

J'ai fait un effort pour sourire :

– Je crois que je suis en train de faire un début de crise d'asthme.

– Ça t'arrive souvent ?

– Oui, faut que je prenne vite un médicament, sinon je me mets à gonfler.

– Ah ?

Je suis sorti en courant. Dans mon ancien collège, un de mes copains était asthmatique. Dès qu'il commençait à avoir du mal à respirer, il devait inhaler un produit qu'il gardait en permanence sur lui. Gelatos avait tout gobé. J'avais été très bon sur ce coup-ci. Carrément excellent.

Ainsi, c'était lui, le voleur qui faisait tout pour que je sois accusé à sa place.

3 **être °happé par qc** *ici :* durch etw angezogen werden – 3 **dépasser de qc** unter etw hervorschauen – 6 **immortaliser** verewigen – 19 **gonfler** *ici :* einen Anfall bekommen – 24 **gober** *fam* croire

10

Le lendemain, à la première heure, gonflé à bloc, je me suis présenté chez le directeur avec les quatre statuettes. Il m'a regardé sans comprendre.

– Je les ai retrouvées, j'ai dit.

– Où étaient-elles ?

– Je peux pas vous le dire. Peut-être que la personne se présentera à vous de son plein gré. Mais ne comptez pas sur moi pour la dénoncer. Je sais, vous me croyez pas. Tant pis. Moi je suis content pour le prof de musique. Il avait l'air de tellement y tenir, à ses statuettes ! Bonne journée, monsieur.

Je suis sorti du bureau comme une bombe et, en arrivant dans la cour, j'ai aperçu Gelatos avec ses béquilles. Il y avait plein de monde autour de lui. Il devait déjà être au courant que j'avais été accusé de vol et se réjouir que sa petite machination ait si bien fonctionné. Il allait être surpris de découvrir que les statuettes avaient repris leur place dans la salle de musique. À moins qu'il ne se soit déjà rendu compte qu'elles n'étaient plus dans son armoire à vêtements. Dans ce cas, il devait forcément se douter que c'était moi qui les avais prises…

En cours d'histoire, nous nous sommes retrouvés côte à côte. Il y avait de la tension dans l'air. Chaque fois que je le regardais, il blêmissait. Il était sans doute en train de se dire que le plus malin des deux, c'était moi. Je lui trouvais très mauvaise mine ce matin.

À la récré, je l'ai vu hésiter. Finalement il est venu vers moi, marchant comme un cloporte avec ses béquilles.

– Excuse-moi, il a dit, en baissant la tête.

Je l'ai pris par l'épaule :

1 **gonflé, e à bloc** *expr fam* plein d'énergie, très motivé – 7 **de son plein gré** freiwillig – 14 **se réjouir** être content – 14 **une machination** une intrigue – 16 **à moins que** + *subj* es sei denn – 18 **se douter** supposer – 22 **blêmir** devenir *pâle (blass)* – 25 **un cloporte** Widerling

– Je te pardonne, Gelatos.

Il s'est mis à sangloter.

– J'étais trop jaloux de toi, il a reniflé. Tu… tu me pardonnes vraiment ?

– Bien sûr ! Une fois que tu seras allé voir le directeur pour lui raconter la vérité.

– Quoi ?

– Tu as parfaitement compris. Tu penses quand même pas que je vais me laisser accuser à ta place ?

Et pour enfoncer le clou, je lui ai montré les photos sur mon appareil numérique. On distinguait nettement les statuettes cachées sous une pile de pulls…

Gelatos est resté silencieux, les yeux épuisés, puis il a hoché la tête :

– D'accord.

D'un pas claudiquant, il s'est dirigé vers le bâtiment administratif du collège.

– Où va-t-il ? m'a demandé Mikaleff, que je n'avais pas vu arriver.

– Chez le directeur.

– Pour quoi faire ?

– Je voulais te dire une chose, Mikaleff. Tu es un vrai pote.

– Pourquoi tu me dis ça ?

– Parce que. Quand j'ai été accusé de vol, t'as été le seul à m'adresser la parole. Ça, j'oublierai jamais. Même si c'est pas moi le voleur.

– Mais si c'est pas toi, c'est qui ?

– Devine…

Mikaleff a ouvert de grands yeux, signe qu'il lisait dans mes pensées :

– Non ?! C'est pas vrai ?

---

3 **renifler** schniefen – 10 **enfoncer le clou** *fig* insister – 11 **distinguer** voir – 13 **épuisé, e** très
fatigué – 13 °**hocher la tête** faire « oui » de la tête – 16 **un pas claudiquant** hinkender Schritt

52

– Si. Et en ce moment même, Gelatos est en train de tout raconter au directeur.

Mikaleff m'a serré fort dans ses bras.

– Dis… pourquoi tu t'es rasé la tête ? il m'a demandé.

– À cause des poux.

– Quels poux ?

– Laisse tomber.

Dix minutes plus tard, Gelatos est sorti du bureau du directeur. Malgré ses béquilles, il donnait l'impression de marcher au-dessus du sol. Sa mine chagrine du matin avait disparu. Il rayonnait, exactement comme une star au moment d'entrer en scène. La tête haute, il a traversé la cour, sans un regard pour personne. Il savait pourtant que la rumeur allait se répandre comme une traînée de poudre. Il avait fait preuve d'un incroyable sang-froid en allant se dénoncer.

Nous nous sommes retrouvés en cours de musique. Les statuettes trônaient au fond de la classe, sur une étagère en verre. Le prof n'a fait aucune allusion à ce qui s'était passé. Il avait retrouvé son bon sourire de chanson africaine. Nous avons écouté une comptine du Sénégal chantée par des voix d'enfants qui tapaient sur le sol avec le dos de leur calebasse. Nous avons crayonné au son de cette musique venue d'ailleurs et, sur les tables, les dessins se remplissaient de couleurs chaudes.

En arrivant au cours d'anglais, une légère appréhension s'est cependant emparée de moi. Je savais que j'allais devoir redoubler d'attention pour rattraper ma moyenne. Mais avant de commencer son cours, la prof a pris la parole en me regardant :

3 **serrer** drücken, umklammern – 10 **chagrin, e** triste – 10 **rayonner** strahlen – 13 **se répandre** sich verbreiten – 13 **comme une traînée de poudre** *f expr* wie ein Lauffeuer – 14 **le sang-froid** *ici :* le courage – 18 **faire allusion** *f* **à qc** *expr* auf etw anspielen – 19 **une comptine** un poème pour enfants – 24 **une appréhension** une peur – 25 **s'emparer de qn** *ici :* jdn ergreifen – 26 **rattraper sa moyenne** *fam :* die Durchschnittsnote erhöhen

– J'ai décidé d'annuler la mauvaise note de James. En effet, Gelatos vient de m'avouer qu'il avait volontairement dissimulé le cahier de James afin qu'il ne puisse pas réviser son contrôle.

Gelatos a souri. On aurait dit qu'il était content de voir la fin de cette mauvaise blague.

Pour autant, j'avais encore quelque chose d'important à régler avec lui. Quelque chose qui ne regardait personne.

Et, à la sortie des cours, devant le collège, je lui ai posé la question qui me chatouillait depuis un moment :

– Et mon soldat voltigeur, pourquoi t'as fait ça ?

– Je comprends pas…

– À ma fête d'anniversaire. Tu as cassé ma figurine en porcelaine et ensuite tu l'as jetée à la poubelle.

– J'ai rien touché chez toi, j'ai rien cassé non plus. Qu'est-ce qui te prend ? Tu veux m'accuser d'un truc que j'ai pas fait ?

J'ai préféré ne pas répondre. C'était une histoire de dingues, de toute façon.

2 **volontairement** intentionnellement – 9 **chatouiller qn** *ici :* jdn jucken, kitzeln – 16 **un dingue** *cf p. 33* – 10 **bariolé, e** de différentes couleurs

Quelle nuit magnifique sous ma tente Shelter !

Au matin, la faim me chatouillait le ventre. C'était bon signe. Le vent avait tourné et j'en avais fini avec cette histoire. Jusqu'à la minute où, sur le point de quitter ma chambre pour descendre à la cuisine, mon regard s'est arrêté sur mon étagère. Sur celle-ci trônait la figurine du soldat voltigeur, droite sur son socle. Elle était là, bien là, comme si elle n'avait pas bougé de sa place.

J'ai cru à une illusion d'optique. Une alarme hurlait dans ma tête. Me rapprochant, j'ai examiné l'objet. C'était bien ce soldat à l'uniforme bariolé, portant sa baïonnette dans le dos et souriant d'un air un peu idiot. Aucune fracture n'apparaissait. La figurine n'avait jamais été cassée, encore moins recollée. Comme dans le songe, le soldat avait ce petit regard benêt qui semblait me défier : « Attrape-moi ! » Je l'ai pris dans ma main, le tenant fermement. Prisonnier de mes doigts, il ne pouvait plus s'échapper. Je n'avais jamais pris le temps de l'ausculter de si près. À cette distance rapprochée, il n'avait plus d'expression humaine. On distinguait seulement les coups de pinceau qui enflaient les traits d'un visage grossièrement élaboré.

J'ai reposé la figurine sur l'étagère sans la quitter du regard. Je m'attendais presque à la voir bouger, courir comme dans mon rêve. Mais le soldat voltigeur est resté impassible cette fois, figé, programmé pour une attente éternelle. Mal à l'aise, j'ai détourné le regard.

Qui pouvait, mieux que ma mère, entendre ce que j'avais sur le cœur ? Elle comprendrait forcément qu'un soldat de porcelaine puisse se briser et réapparaître quelques jours plus tard, comme

---

13 **un songe** *ici* : un rêve – 13 **benêt** un peu bête – 14 **fermement** fest – 16 **ausculter qn/qc** *ici* : regarder en détail – 18 **un pinceau** Pinsel – 18 **enfler** *ici* : rendre plus gros – 19 **grossièrement** ≠ finement – 19 **élaborer** réaliser, faire – 22 **impassible** qui ne bouge pas et ne montre aucune émotion – 23 **une attente** → attendre – 25 **avoir qc sur le cœur** avoir des soucis *(cf. p. 37)* – 27 **comme si de rien n'était** *expr* comme s'il ne s'était rien passé

si de rien n'était, intact, flanqué de son perpétuel sourire idiot. Elle seule était capable d'accepter l'idée du pouvoir surnaturel des objets. Elle seule pouvait se sentir en accord avec des événements inexplicables.

La table du petit déjeuner était dressée. Mon thé était froid.
– Tu n'as pas faim ?
– Non.
– Tu as des soucis ?
– Oui.
– Tu veux m'en parler ?
– Non.
– Pourquoi ?
– Parce que tu vas pas me croire.
– Qu'est-ce qui se passe ?
– C'est par rapport au soldat en porcelaine. Le soldat voltigeur que m'a offert papy Martial.

Il m'a semblé qu'une légère crispation venait caresser son visage. Puis elle a redressé la tête comme une girafe, pour m'inviter à continuer. Et j'ai tout raconté, depuis le début, en commençant par la fête d'anniversaire, à l'issue de laquelle j'avais retrouvé la statuette brisée dans la grande poubelle. Ce soldat que j'avais ensuite enterré puis qui était revenu se poster sur mon étagère comme si de rien n'était. J'ai insisté aussi sur mes cauchemars qui ne me laissaient pas de répit. J'ai achevé mon récit par une question que j'aurais pensé ne jamais poser : rêve et réalité peuvent-ils se mélanger de temps en temps ?

Elle a respiré un grand coup.
– Tout ça, c'est à cause de moi, elle a dit en s'asseyant en face de moi.
– Quoi ?
– Je vais t'expliquer...

---

1 **perpétuel, le** *ici :* constant – 2 **le pouvoir** *ici :* la force – 5 **dresser la table** mettre la table – 17 **une crispation** *ici :* Zucken – 20 **à l'issue** *f* **de** à la fin de – 24 **ne pas laisser de répit** *m ici :* nicht in Ruhe lassen

Alors, elle aussi, elle s'est mise à parler, à s'excuser, et moi je comprenais pas où elle voulait en venir. Puis j'ai aimé ce ton qui rassurait. La même voix que lorsqu'elle me lisait des livres pour m'endormir, il y avait longtemps, et je l'ai écoutée, écoutée…

– … Je… je suis à la maison, c'est le matin de ton anniversaire. Je cherche partout mon téléphone. Tu le sais, j'ai la fâcheuse habitude de le perdre sans cesse, même si je le retrouve toujours. Mais cette fois, cela prend plus de temps que d'habitude. Alors je m'énerve, je suis déjà très en retard. Je vérifie à nouveau dans chaque pièce. Je regarde surtout dans ta chambre, car je l'ai peut-être laissé ici en venant te réveiller… Dans l'affolement, j'accroche ton soldat en porcelaine planté sur l'étagère. Et celui-ci se brise en tombant ! Je suis furieuse contre moi-même. En me baissant pour ramasser les morceaux, j'aperçois enfin mon téléphone qui a glissé sous ton lit. Mais je me sens affreusement coupable d'avoir cassé cette figurine, un cadeau de ton grand-père, une chose si précieuse ! Je ne sais plus quoi faire, je dois partir au travail. Pour dissimuler cette catastrophe, je glisse les morceaux dans une enveloppe kraft, puis la jette dans la poubelle en espérant trouver plus tard une solution pour remplacer la figurine. Et je file en vitesse, pas fière, crois-moi. J'ai tellement honte de ce que je viens de faire… J'ai l'impression d'avoir commis une grosse bêtise, comme une enfant. Quand je reviens, en fin de journée, et que je trouve la maison sens dessus dessous, avec les murs maculés de Nutella, les fauteuils tachés de ketchup, je ne dis rien, je n'en ai pas la force. Je ne me sens pas de taille à te reprocher quoi que ce soit. Alors je t'emmène au restaurant, souviens-toi. J'ai envie de tout t'avouer, mais je n'ose pas. Lorsque, dans la soirée, ton grand-père m'appelle pour savoir si ton anniversaire s'est bien passé, j'ai les jambes qui tremblent. Et lorsqu'il me parle du soldat voltigeur, je suis incapable de lui dire

3 **rassurer** → rassurant *(cf. p. 16)* – 6 **fâcheux, -euse** *ici :* mauvais – 11 **l'affolement** *m* → affolé *(cf. p. 31)* – 11 **accrocher qc** *ici :* gegen etw stoßen, streifen – 13 **se baisser** → bas – 20 **filer** *fam* partir – 22 **commettre** faire – 25 **se sentir de taille à faire qc** *expr* se sentir assez fort pour faire qc – 26 **reprocher qc à qn** jdm etw vorwerfen – 27 **avouer** gestehen – 29 **trembler** zittern

la vérité. Alors j'invente quelque chose de stupide et je raconte que
le soldat est posé là, sur la cheminée du salon. Je ne peux pas lui
raconter ce qui est arrivé car tu es à côté de moi et tu m'écoutes.
Pendant la nuit, je fouille dans la poubelle mais le papier dans
lequel j'ai emballé la figurine a disparu. J'apprends par la femme de
ménage que le soldat en porcelaine a été enterré au pied des rosiers
et, là, je comprends de moins en moins. Nous sommes samedi et
je prétexte un rendez-vous à mon travail pour aller faire le tour
des antiquaires à la recherche d'une figurine de soldat identique.
Un brocanteur me promet de m'appeler s'il en trouve une. Enfin,
hier, il me laisse un message pour m'annoncer qu'il détient ce que
je cherche. La suite, tu la devines, pendant que tu dors, je replace le
soldat dans ta chambre, comme si rien n'était jamais arrivé… Mon
pauvre James, je suis désolée…

Il y a eu un grand silence, à peine troublé par le cliquetis de
l'horloge. Maman a lavé sa tasse comme si de rien n'était, debout
devant l'évier, et je me suis collé contre elle, dans son dos, pareil à
un koala.

*

Le soldat voltigeur est devenu le jouet fétiche de Kevin, mon
chien qui essaie toujours d'avoir l'air intelligent. Il lui parle, le
mâchouille, l'enterre, le déterre, et s'endort avec en le tenant entre
ses deux pattes avant. Curieusement, ni maman ni moi n'osons lui
adresser la moindre remarque.

Ce qui est bien, avec les clebs, c'est qu'ils ont tendance à beaucoup
moins se compliquer la vie que nous. Et de plus, ils ne savent pas
mentir…

---

8 **prétexter qc** donner une fausse raison – 10 **un brocanteur** un vendeur d'antiquités –
11 **détenir** avoir – 16 **une horloge** (Wand)Uhr – 17 **un évier** Spüle – 20 **fétiche** *ici* : préféré –
23 **une patte** Pfote

Votre compte rendu de lecture

Wenn ihr z. B. einen Roman selbständig lesen möchtet, dann könnt ihr als kleine Merkhilfe ein Leseprotokoll *(un compte rendu de lecture)* führen, damit ihr nach Unterbrechungen schnell den Wiedereinstieg findet.

In das Leseprotokoll (ein Beispiel davon findet ihr auf der nächsten Seite) könnt ihr die wichtigsten Informationen eintragen, die ihr bei der Lektüre gewinnt. Ferner könnt ihr darin auch eure Meinung zu wichtigen Vorkommnissen äußern usw.

Die Leseprotokolle können z. B. hilfreich sein, wenn ihr irgendwann eine „Erinnerung" an ein früher gelesenes Buch sucht.

Mon compte rendu de lecture

Aujourd'hui, _____ , j'ai lu

— le(s) chapitre(s) : _____

— de la page _____ à la page _____

Ce que j'ai appris sur :

— les personnages :
_____

— leur situation :
_____

— le déroulement de l'action :
_____

D'autres informations importantes :
_____

☺ Ce qui m'a plu :
_____

☹ Ce qui ne m'a pas plu:
_____

Les mots les plus importants :
_____

Les difficultés que j'ai rencontrées :
_____

Activités autour de la lecture

Avant la lecture

1. Décris la couverture du roman.
   Est-ce qu'elle te donne envie de lire le livre ?

2. Cherche la signification du mot « soupçon » dans le dictionnaire.
   À partir du titre, fais des hypothèses sur l'histoire.
   Peut-être que ce roman parle de/d'… / Il s'agit peut-être de/d'…

3. Quels sont les bons et les mauvais côtés de la vie au collège ?
   Discutes-en avec deux partenaires.

Pendant la lecture

Chapitre 1

1. Présente la situation familiale de James.

2. Est-ce que James est heureux de quitter Paris pour aller vivre en province ? Explique sa réaction.

3. Imagine que tu es James. Prépare une fiche pour te présenter aux élèves de ta classe, puis présente-toi devant la classe.
   Ex. : Je m'appelle… Je viens de… etc.

4. Le jour de la rentrée, un(e) élève de la classe de James a remarqué que James, le « nouveau », est différent. Écris son monologue intérieur.

5. Relève les noms de deux autres élèves qui sont dans la classe de James et note ce qu'on apprend sur eux.

6. Est-ce que James aime la compagnie des autres élèves ou est-ce qu'il préfère être seul ? Explique ta réponse.

7. Que lui offre sa mère ? Est-ce qu'il est content ? Pourquoi ?

Chapitre 2

1. Vrai ou faux ? Si c'est faux, corrige :

	vrai	faux
a) James a fait une fête chez lui pour son anniversaire. _____ _____		
b) C'est James qui a eu l'idée de faire cette fête. _____ _____		
c) James a beaucoup de ménage à faire après la fête. _____ _____		
d) James ne s'est pas amusé pendant la fête. _____ _____		
e) James est surpris de trouver une enveloppe dans la mauvaise poubelle. _____ _____		

	vrai	faux
f) James est tombé dans la poubelle en prenant l'enveloppe. _____ _____		
g) Il ne reconnaît pas l'objet cassé dans l'enveloppe. _____ _____		
h) James connaissait tous les jeunes qu'il a invités à sa fête. _____ _____		
i) James pense que sa mère va être très en colère quand elle va voir la maison. _____ _____		
j) Sa mère est furieuse quand elle voit tout le ménage qu'il reste à faire. _____ _____		

	vrai	faux
k) La mère de James commande une pizza pour dîner. _____ _____		
l) James raconte à sa mère l'histoire du soldat en porcelaine. _____ _____		

2. Que dit la mère de James au grand-père de James à propos du soldat en porcelaine ? Pourquoi est-ce que James est surpris ? Pourquoi est-ce qu'il se sent mal pendant qu'il parle à son grand-père ?

Chapitre 3
1. Explique pourquoi James soupçonne d'autres élèves.

2. Coche la ou les bonne(s) réponse(s) :
   a) Le prof de musique
      ☐ revient de vacances.
      ☐ est aussi prof de dessin.
      ☐ leur fait écouter de la musique.

   b) James dessine un soldat parce qu'il
      ☐ pense à sa figurine en porcelaine.
      ☐ a compris que la chanson parlait de la guerre.
      ☐ pense aux guerres en Afrique vues à la télé.

c) Le prof de musique
- ☐ critique tous les dessins.
- ☐ trouve que les élèves n'ont pas d'inspiration.
- ☐ est content de ce que font les élèves même s'ils ne dessinent rien.

d) Quand il constate que ses statuettes ont été volées, le prof
- ☐ croit que c'est une blague et rigole.
- ☐ est choqué et très triste.
- ☐ décide d'en informer le directeur du collège.

e) James
- ☐ pense que c'est arrivé au prof parce qu'il n'était pas sympa avec les élèves.
- ☐ comprend la colère du prof.
- ☐ trouve que le prof réagit de façon très cool.

f) Mikaleff pense que
- ☐ le voleur est un élève.
- ☐ James est le voleur.
- ☐ le voleur doit être puni *(bestraft).*

3. Pourquoi est-ce que James a peur de la réaction de sa mère et de son grand-père quand ils apprendront que le soldat en porcelaine a disparu ?

4. James imagine que la personne qui a cassé son soldat l'a simplement mis à la poubelle, sans rien dire. Qu'est-ce qu'il pense de ce comportement *(Verhalten)* ?
Que ferais-tu si cela t'arrivait ? Complète la phrase en utilisant le conditionnel :
Si j'étais chez quelqu'un et que je cassais un objet, je…

5. Que trouve James dans son sac ? Quelle est sa réaction ?

6. Est-ce qu'il explique son problème à sa mère quand elle vient le voir dans sa chambre ? Pourquoi (pas) ?

▲ 7. « Je me sentais coupable d'un vol que je n'avais pas commis. » Explique ce que ressent *(empfindet)* James.

Chapitre 4

1. Qu'est-ce que James décide de faire avec la statuette ? Pourquoi ?

2. Qu'est-ce qu'il a perdu ? Pourquoi est-ce vraiment embêtant *(dumm)* ?
   Finalement, où et comment est-ce qu'il retrouve l'objet perdu ?

3. « Depuis que j'ai débarqué dans ce collège, il m'arrive que des trucs bizarres ! »
   a) James écrit un mail à son copain Hugo à Paris pour lui raconter tous les « trucs bizarres » qui lui arrivent depuis qu'il vit à Valence. Écris ce mail.
   b) Hugo répond à James : il lui dit ce qu'il pense de ces « trucs bizarres » et fait des hypothèses. Écris sa réponse.

Chapitre 5

1. Décris la relation de James avec le soldat en porcelaine :
   – Est-ce qu'il aime cet objet ?
   – Est-ce que cet objet est important pour lui ? Justifie ta réponse.

2. Quel est son projet ? Quel problème est-ce qu'il rencontre ? Raconte.

Chapitre 6

1. Complète le résumé des pages 40–44. Conjugue le verbe au bon temps : à l'imparfait ou au passé composé.

Mikaleff _____ (demander) à James d'apporter les cours à Gelatos qui _____ (devoir) rester chez lui à cause de sa jambe cassée. James _____ (accepter) d'y aller.

Mikaleff _____ (dire) à James qu'il _____ (connaître) Gelatos depuis l'école maternelle.

James _____ (découvrir) que Gelatos _____ (habiter) dans le même quartier que lui mais que sa maison _____ (être) beaucoup plus grande.

Quand Gelatos _____ (ouvrir) la porte et qu'il _____ (voir) James, il _____ (être) très surpris.

Il _____ (penser) que c'_____ (être) Mikaleff.

James lui _____ (expliquer) que Mikaleff _____ (ne pas pouvoir) venir.

Les deux garçons _____ (bien discuter).

James _____ (donner) à Gelatos les cours de la journée.

James _____ (visiter) la maison de Gelatos. Gelatos lui _____ (montrer) sa chambre. James _____ (trouver) la chambre de son camarade vraiment cool.

Les deux garçons _____ *(parler)* encore

un peu. Gelatos _____ *(raconter)* qu'il ne

_____ *(connaître)* Mikaleff que depuis

un an parce que, avant, Mikaleff _____

(ne pas vivre encore) à Valence. Mikaleff _____

(ne pas dire) la vérité alors ! James _____

(ne pas faire) de commentaire mais il _____

(être) surpris de découvrir ce mensonge *(Lüge)*.

2. Que trouve le directeur dans le sac de James ?
   Quelle est la réaction de James ?
                          du directeur ?
                          des autres élèves ?
                          de Mikaleff ?

Chapitre 7

1. Vrai ou faux ? Si c'est faux, corrige :

	vrai	faux
a) James se coupe un petit peu les cheveux. _____ _____		
b) Sa mère est contente parce qu'il s'est enfin coupé les cheveux. _____ _____		

	vrai	faux
c) James a gagné un appareil photo numérique.		
d) Il décore la table avec des fleurs et des bougies parce que c'est l'anniversaire de sa mère.		

2. Un(e) élève de la classe de James est surpris(e) de le voir arriver avec sa nouvelle coupe de cheveux. Il/elle en parle avec son ami(e). Écris leur dialogue avec un partenaire et joue-le.

3. **Vocabulaire** : les cheveux (chap. 1 & 7)
   Complète avec le mot qui convient. Pour cela, mets les lettres dans le bon ordre. Si besoin, vérifie dans le chapitre indiqué.
   a) Quand on veut avoir les cheveux plus longs, on se les laisse
      _p_____ (o e p u s r s / chap. 1)
   b) Quand on veut avoir les cheveux plus courts, on se les fait
      _____ (p e r u o c / chap. 1)
   c) Quand le coiffeur vient de nous couper les cheveux, on a une
      nouvelle _____ (p e o c u / chap. 1)
   d) Pour se raser complètement les cheveux, on utilise une
      _____ (d u e e s t o n / chap. 7)
   e) Quand on n'a plus du tout de cheveux, on dit qu'on a un
      _____ (â n e c r) d'_____
      (d' u f œ / chap. 7)

f) Si on veut de nouveau avoir les cheveux longs, il faut leur donner le temps de _____ (e r p u o r e s s / *chap. 7*).

g) Quand James, au début du récit, décide de s'attacher les cheveux, il se fait une _____ (t e e r s s / *chap. 1*), ou une _____ (e u e u q) de _____ (c h a e l v / *chap. 1*). Il ne se fait pas de _____ (h c i n g n o / *chap. 1*), c'est trop démodé.

h) Quand on s'attache les cheveux, on se fait une _____ (i o c u f r e f / *chap. 1*).

i) Quand on s'attache les cheveux, on a parfois une _____ (è c h e m / *chap. 7*) qui nous tombe dans les yeux.

j) Les cheveux longs, il faut les laver, les brosser, etc. : c'est beaucoup d'_____ (t t i e n e r e n / *chap. 1*)

k) Il faut surtout garder les cheveux propres pour ne pas avoir de _____ (p x u o / *chap. 1*) !

l) En langage familier, pour parler des cheveux, on dit les _____ (f i t s / *chap. 1*)

Chapitre 8

1. À ton avis, le rêve de James est…
   □ bizarre,   □ amusant,   □ inquiétant,   □ rassurant.
   Explique ton / tes choix.

2. Et toi, est-ce que tu rêves beaucoup ? Est-ce que tu te rappelles tes rêves ? Sont-ils parfois bizarres ? Raconte.

3. Comment est-ce que James se sent après ce rêve ? Il est
   □ heureux,   □ relax,   □ stressé,   □ il a peur ?
   Explique ton choix.

Chapitre 9

Raconte ce qui se passe pendant cette deuxième visite de James chez Gelatos.

Chapitre 10

1. a) Que fait James chez le directeur ?
   b) Est-ce qu'il lui raconte tout ce qu'il sait ? Explique son comportement.
   c) Et toi, qu'est-ce que tu ferais à sa place ? Réponds en utilisant le conditionnel :
      Si j'étais James, je / j'…

2. Coche la ou les bonne(s) réponse(s) :

a) Gelatos vient voir James pour
   ☐ lui demander pourquoi il ne lui parle pas.
   ☐ l'accuser d'avoir volé quelche chose chez lui.
   ☐ lui dire qu'il est désolé d'avoir fait ce qu'il a fait.

b) James ☐ réagit calmement.
   ☐ se met en colère.
   ☐ pleure.

c) Mikaleff ☐ a toujours cru que James était innocent.
   ☐ savait que Gelatos était le coupable.
   ☐ croyait que James était le voleur.

d) Gelatos va parler au directeur. C'est
   ☐ son idée.   ☐ l'idée de James.   ☐ l'idée du directeur.

e) Après avoir parlé au directeur, Gelatos
   ☐ est fier.   ☐ a honte.   ☐ est triste.

f) Gelatos avoue ses mauvaises actions
   ☐ à James et au directeur.
   ☐ à James, au directeur et au prof de musique.
   ☐ à James, au directeur et à la prof d'anglais.

Chapitre 11

1. Quelle chose bizarre arrive à James quand il se lève ? Pourquoi est-ce si surprenant ?

2. Comment réagit sa mère quand il lui en parle ? Raconte.

3. Finalement, qui est le plus heureux que l'objet ait été retrouvé ?

Après la lecture

▲ **Vocabulaire**

1. a) Retrouve dans le texte et/ou dans les annotations le mot français correspondant à la traduction allemande :

der Verdacht	
der Verdacht / der Argwohn *(generelles Gefühl) (chap. 3)*	
der Zweifel *(chap. 2)*	
vermuten, sich denken können *(chap. 10)*	
zum Vorwand nehmen/als Ausrede benutzen *(chap. 11)*	
ein Beweis *(chap. 3)*	
schuldig *(chap. 3)*	
gestehen *(chap. 10 & 11)*	

b) Écris une petite histoire. Emploie 5 mots de la liste.

2. a) À quel champ lexical *(Wortfeld)* appartiennent les mots ci-dessous ?

Champ lexical :	
Une personne est *incrédule.* (chap. 3)	Elle est *stupéfaite.* (chap. 6)
Elle en reste *bouche bée.* (chap. 4)	Elle est complètement *sonnée.* (chap. 6)
C'est *dingue* ! (chap. 4)	C'est *inouï* ! (chap. 8)
C'est *étonnant.* (chap. 4)	C'est *incroyable* ! (chap. 10)

b) Dans cette liste, deux mots sont de la même famille : lesquels ? Quel est le verbe de cette famille de mots ?

3. Indique si les mots ci-dessous expriment un sentiment positif (+) ou négatif (−).

la déception *(chap. 1)*		un soulagement *(chap. 4)*	
être au bord des larmes *(chap. 2)*		faire de la peine à qn *(chap. 5)*	
le dégoût *(chap. 3)*		un souci *(chap. 5)*	
la gentillesse *(chap. 3)*		être angoissant *(chap. 8)*	
être bienveillant *(chap. 3)*		l'anxiété *(chap. 8)*	
détendu *(chap. 3)*		se réjouir *(chap. 10)*	

Discussion

Est-ce que ce livre t'a plu ? Quels passages as-tu aimés ? Lesquels t'ont moins plu ? Discute avec un ou plusieurs partenaires. Justifie ton opinion.

Créativité

Réalise ta propre *(eigene)* couverture du livre.

Écriture

1. Un magazine pour jeunes demande aux collégiens de raconter leurs mauvaises expériences au collège : vol, harcèlement *(Mobbing)*… James décide de raconter ce qui lui est arrivé. Écris le message de James.

2. Sur un forum pour ados, un jeune raconte que des grands le rackettent *(Geld von ihm erpressen)* et demande ce qu'il doit faire. James lui répond :
   – Il raconte comment il a réagi quand il a eu ce type de problèmes au collège : *Moi, je/j'*… *+ passé composé*
   – Il lui donne des conseils, fait des propositions : *Tu peux*… / *Tu dois*…
   Écris la réponse de James.

Un peu de grammaire

In dem Roman finden sich einige Verbformen, die ihr möglicherweise noch nicht gelernt habt. Damit ihr diese Formen im Text versteht, findet ihr hier eine kleine Einführung.

A *Le gérondif*

Beispiel: *Miss Avedianos rend les copies **en commençant** par la plus nulle.* (S. 14)
Hier erkennst du das Verb „commencer". *„**en commençant** par la plus nulle"* präzisiert die Art und Weise wie die Hauptaktion *(rendre les copies)* durchgeführt wird.

1. Der Gebrauch

Mit dem *gérondif* kann man Folgendes betonen bzw. ausdrücken:
- die **Gleichzeitigkeit** zweier Handlungen
  __En rentrant__ chez moi, je repense à Gelatos. (S. 15)
  → *Als ich auf dem Weg nach Hause war/Auf dem Weg nach Hause…*
- die **Art und Weise** einer Handlung/eines Geschehens
  *Cela dit, **en y pensant** bien, je n'y étais pas pour grand-chose.* (S. 20)
  → *Trotz allem, wenn ich gut darüber nachdenke, …*

Achtung, das *gérondif* kann nur verwendet werden, wenn es sich in beiden Satzteilen um **das gleiche Subjekt** handelt:
*Pendant que **je rentre** chez moi, **je repense** à Gelatos.*
*Cela dit, si **j'y pense** bien, **je** n'y **étais** pas pour grand-chose.*

2. Die Bildung

Man nimmt die erste Person Plural Präsens, ersetzt die Endung
-*ons* durch -*ant* und setzt die Präposition **en** davor.

Beispiele:

REGARDER	FINIR	ATTENDRE
nous regard-ons	nous finiss-ons	nous attend-ons
en regard**ant**	**en** finiss**ant**	**en** attend**ant**

Es gibt nur drei Ausnahmen:
ÊTRE: en étant – AVOIR: en ayant – SAVOIR: en sachant

Achtung, das *gérondif* ist unveränderlich.

B *Le subjonctif*

1. Der Gebrauch

Diese Form des Verbs steht nach bestimmten Ausdrücken und Verben, die z. B. ein Gefühl oder einen Zweifel ausdrücken, sowie nach einer Reihe von Konjuktionen. Im Deutschen wird in den entsprechenden Sätzen immer der Indikativ verwendet.

Der *subjonctif* steht u. a. nach Ausdrücken
- **des Wollens**
  vouloir que : Tu veux que je te prépare ton petit déjeuner ?
  préférer que : Je préfère qu'on soit amis.

- **der Gefühle**
  être content/heureux que : Elle est heureuse que tu sois là.
  être triste que : Il est triste qu'elle parte.
  (ne pas) aimer que : Je n'aime pas l'idée que quelqu'un soit entré…

- **der Notwendigkeit**
  il faut que/qu' : Il faut que je prenne vite un médicament…
  il est important que/qu' : Il est important que tu téléphones à tes parents.

sowie z. B. nach :
  pour que : Je vous invite pour qu'on fasse connaissance.
  afin que : J'ai caché le cahier afin que tu ne puisses pas réviser.
  avant que : Avant que j'aie vraiment compris, …

2. Die Bildung

infinitif	*présent*	*subjonctif présent*
acheter	ils **achètent**	**il faut que** j'achète
attendre	ils **attendent**	que tu achè**tes**
dormir	ils **dorment**	qu'il/elle/on achè**te**
		que nous attend**ions**
		que vous attend**iez**
		qu'ils/elles dorm**ent**

Stamm der 3. Person Plural Präsens	+ Endungen des *subjonctif*	
	sg	pl
	-e	-ions
	-es	-iez
	-e	-ent

Besondere Formen des *subjonctif*:

	avoir	**être**	**aller**	**faire**
que je/j'	aie	sois	aille	fasse
que tu	aies	sois	aille	fasses
qu'il/elle/on	ait	soit	aille	fasse
que nous	**ayons**	**soyons**	**allions**	fassions
que vous	**ayez**	**soyez**	**alliez**	fassiez
qu'ils/elles	aient	soient	aillent	fassent

	pouvoir	**savoir**	**vouloir**	**prendre**
que je	puisse	sache	veuille	prenne
que tu	puisses	saches	veuilles	prennes
qu'il/elle/on	puisse	sache	veuille	prenne
que nous	puissions	sachions	**voulions**	prenions
que vous	puissiez	sachiez	**vouliez**	preniez
qu'ils/elles	puissent	sachent	veuillent	prennent

Liste des abréviations

≠	antonyme de
→	mot de la même famille
°	h aspiré (pas de liaison : *le / la* devant un substantif, *je* devant un verbe)
cf.	*confer* (Siehe bitte...)
etw	etwas
expr	expression
f	féminin
fam	familier
fpl	féminin pluriel
jdm	jemandem
jdn	jemanden
m	masculin
mpl	masculin pluriel
qc	quelque chose
qn	quelqu'un
subj	subjonctif
vx	emploi vieilli